David V. Tansley

Aura, Chakren und die Strahlen des Lebens

David V. Tansley

Aura, Chakren und die Strahlen des Lebens

Aus dem Englischen übersetzt
von Karl Friedrich Hörner

Synthesis Verlag

Vom gleichen Autor sind im Synthesis Verlag erschienen:
Radionik. Energetische Diagnose und Behandlung (1989)
Die Aura des Menschen (1992)
Der feinstoffliche Mensch (1994)

Titel der englischen Originalausgabe: *Chakras – Rays and Radionics*
erschienen bei: C.W. Daniel Co. Ltd.

Cover: Siegmar Gerken und Zero

Satz: Space Type, Köln, gesetzt aus der Rotis Serif

ISBN 3-922026-61-3

Inhalt

Dieses Buch widme ich
den Radionikpraktikern der Zukunft

Einführung

von Hans Korteweg

1974 lernte ich David Tansleys Buch *Der feinstoffliche Mensch* kennen. Seitdem habe ich alle seine Bücher eifrig gelesen. Die Faszination seiner Werke liegt für mich gleichermaßen in ihrem Inhalt wie in Stil und Ausdruckskraft des Mannes begründet, der hinter den Worten steht. Ich genoß seinen Sinn für Humor, der für mich schon immer ein Merkmal des Wahren ist, dazu seine erfrischende Mischung aus Spiritualität und Sachlichkeit. Hier schrieb einer, der verstand, worüber er sprach, und der in einer Reihe von verschiedenen »Sprachen« zu Hause war − der medizinischen Sprache, der Sprache der Radionik und der Sprache der esoterischen Lehren − und zugleich erkannte, daß all sein Wissen nur einen kleinen Aspekt des namenlosen Einen widerspiegelt. Hier fand ich jemanden, der auf magische wie auf mystische Weise arbeitete − eine wichtige Fähigkeit im Bereich des Heilens.

So entstand ein starkes Gefühl der Verbundenheit mit Tansley. Ich arbeitete auf ähnliche Weise, aber auf einem anderen Gebiet. Als Psychotherapeut (eine Sprache), half ich Menschen, zu ihrer Quelle zurückzufinden (eine weitere Sprache), und dazu begann ich eine Vielfalt von Energiemethoden einzusetzen (noch eine andere Sprache). Ich bemühte mich, in mir selbst und in meiner Arbeit die psychologische Sprache von Freud, Jung und Fritz Perls zu verbinden mit den esoterischen Sprachen der Gnostiker, Alchemisten und Mystiker sowie der »Energiesprache« von Wilhelm Reich und Alexander Lowen. Diese Fusion bedeutete für jede einzelne dieser »Sprachen« eine enormes Wachsen in Breite und Tiefe, aber ich stieß auch auf gewaltige Schwierigkeiten auf dem Weg zur Synthese. Die innere Belastung, die mit einer solchen Aufgabe verbunden ist, ließ mich oft fragen, wo eigentlich mein eigener Standort war und ob die Aufgabe praktisch überhaupt zu erfüllen sei.

Im Laufe der Jahre und der Lektüre von Tansleys Büchern wurde mir klar, daß diese in Fortsetzungen wiedergeben, wie Tansley selbst an seinem Werk und in seinem Verständnis des Heilvorgangs wuchs. Mich fesselte die Frage, ob es ihm am Ende gelingen würde, das Phänomen Radionik und die Rolle, die die Apparatur bei der Ferndiagnose und -behandlung spielte, zu erklären. Beide Fragen stehen in sehr enger Verbindung mit meinem eigenen beruflichen Tätigkeitsfeld, auf dem ich sie in weiterem Sinne selbst stelle. Was ist das Heilen wirklich, wie wird die Heilung verursacht – falls man in diesem Zusammenhang tatsächlich von einer Verursachung sprechen darf –, und welche Mittel sind ihr dienlich?

1983 las ich in meinem Urlaub am Mittelmeer *Radionics: Science or Magic?* Dieses Buch beantwortete meine obigen Fragen, und ich verstand damals Tansleys Antwort: Im Grunde genommen sind wir eine Einheit. Das ist die Basis unseres Heilseins und zugleich der Punkt, von dem aus wir heilen. Das Problem ist, daß wir unser Heilsein nicht erkennen und in einer Wolke der Unwissenheit schweben. Deshalb erschaffen wir Formen und Apparate wie die radionischen Instrumente, die uns helfen sollen, mit unserem Mangel an Wissen und Verständnis der Energien und inneren Prozesse fertig zu werden, mit denen wir es zu tun haben. Heilen, so schien Tansley zu sagen, geschieht nicht in unserer Raum/Zeit-Realität, sondern hängt zusammen mit dem Heilsein, das außerhalb von Raum und Zeit ist. Die Verbindung mit dem Heilsein bringt Heilung, augenblicklich. Durch Glauben und Vertrauen wird sie in die raumzeitliche Realität eingeführt. Anders ausgedrückt: Es ist nicht so sehr eine Frage von »Schwingungen« als vielmehr ein subtiler Prozeß.

Erleichtert atmete ich auf, als ich dies las, denn im Laufe der Jahre war ich bei meiner eigenen Arbeit zu dem gleichen Schluß gelangt. In Wirklichkeit erreichen wir wenig oder gar nichts mit den Ritualen und Sitzungen, dem Arbeiten an komplexen Mutter- und Vaterbildern oder Träumen. Wir brauchen diese Formen, um zu glauben, daß wir uns verändern können, daß wir, indem wir sie verwandeln, das Licht in unsere Existenz lassen. In Wirklichkeit aber ist das Licht da, wir müssen es nur erkennen. Wenn wir das begreifen, können wir uns von der »Wichtigkeit« der Technik lösen; wir lassen die Apparate los, um teilzuhaben an der Einheit. Ich als Persönlichkeit heile niemanden; die Heilung geschieht nicht »von mir zum Klienten« in meinem Behandlungsraum. Sie tritt ein, wenn ich mich vom Geist bewegen lasse, und dabei brauche ich immer weniger äußerliche Apparate und Rituale, weil ich mehr und mehr zum Instrument werde durch meinen Dienst am Nächsten.

Nach der Lektüre von Tansleys Buch beschloß ich, gleich nach meiner Rückkehr nach Holland mit dem Verfasser Kontakt aufzunehmen. Dies geschah auf eine Weise, die ich mir nicht vorgestellt hatte: Ich erkrankte an einer schweren Halsentzündung und verlor gänzlich meine Stimme. Zur gleichen Zeit trat eine ganze Reihe von widrigen Umstände in mein Leben, und ich fühlte mich körperlich und seelisch sehr bedrückt. Es war eines der tiefsten Täler meines Lebens, und ich wußte, daß ich meditieren und nachdenken mußte, statt zuzulassen, daß meine reaktiven Gefühle überhandnahmen. Ich wußte, daß ich um jeden Preis in Verbindung bleiben mußte mit meinem tiefsten Wissen, mit meinem inneren Führer. Dies war der eigentliche Kampf, und ich wußte damals auch, daß ich um Hilfe bitten mußte, um eine andere Hilfe als die von Arzt, Gattin oder Freunden. Und so schrieb ich an David Tansley und bat ihn, mir bei meinem körperlichen Zustand zu helfen und mir auch zu helfen, mit meinem inneren Selbst verbunden zu bleiben.

Seine Antwort kam bald, und sie war wie ein Schock. Der Inhalt meiner Radionikanalyse bestürzte mich zutiefst. Nun war ich nicht mehr der einzige, der den Ernst meiner Situation kannte. Paradoxerweise gab mir die Analyse eine gewisse Beruhigung und etwas, woran ich mich halten konnte. Dies galt insbesondere für die Schilderung meiner Strahlenkombination, die deutlich meine Lebensaufgabe zeigte und meine Möglichkeiten – aber auch die Probleme, die damit verbunden sind. Auf meine Bitte hin empfahl mir Tansley homöopathische Mittel zur Einnahme und begann, mich radionisch zu behandeln. Während sich dies natürlich als sehr hilfreich erwies, empfing ich doch die weitaus größte Hilfe aus seinem Strahlenbefund. Hier hatte ich einen spezifischen Rahmen, in dem ich meine Fragen und Probleme wiederfand, aber auch meine Empfindungen und Gedanken über meine zentrale Lebensaufgabe.

Die Sprache der Strahlen war mir alles andere als neu. Bereits vor dreißig Jahren hatte ich als junger Bursche zahlreiche Bücher von Alice Bailey gelesen. Wie viele andere Menschen fand auch ich sie schwer zu verstehen; trotzdem faszinierten sie mich, und im Laufe der Jahre habe ich sie mir immer wieder vorgenommen und mich mit ihnen beschäftigt. Allmählich wurde ich vertrauter mit dieser fundamentalen Art, Dinge zu betrachten; gleichwohl vermochten diese Gedanken in meinem Leben noch nicht Wurzeln zu fassen. Die Strahlen interessierten mich zwar, doch ihre Qualitäten sind so archetypisch, daß ich sie alle in mir selbst wiederfinden konnte. So war es für mich schwierig, wenn nicht sogar unmöglich, meine eigenen Strahlen festzustellen. Die Tatsache, daß Tansley meine Strahlenkonstellation analysierte, ermöglichte es mir, während jener Krise in meinem Leben in Übereinstimmung mit mir selbst zu meditieren. Dies gab mir Kraft, und mit neuer Energie widmete ich mich dem Studium dieses Materials, das mich noch lange Zeit beschäftigen wird, so wie es mich schon in der Vergangenheit fesselte. So bestätigte sich auch bei mir das alte Gesetz: Der beste Weg, Wissen aufzunehmen, besteht darin, daß der Schüler es auf seine eigene Lebenssituation direkt anwendet.

Eine ganze Reihe von Jahren habe ich nun Menschen die spirituellen und psychologischen Wissenschaften vorgestellt und nahegebracht. Ich arbeite mit Gruppen in Holland und führe sie zu einem Gewahrsein ihrer eigenen Quelle sowie zu der Erkenntnis, wie sie am besten dienen können. Die Menschen in diesen Gruppen kommen aus allen Bereichen von Handel und Industrie, unter ihnen sind Ärzte, Richter, Psychotherapeuten, Ökonomen und Heiler. Sie alle beherrschen mindestens einen Beruf (eine Sprache) und sind von demselben Wunsch beseelt, ihr Wissen und Können in den Dienst eines größeren Ganzen zu stellen. Jeder von ihnen will mehr tun, als die vertraglichen Erfordernisse zu erfüllen, die der Beruf von ihm verlangt. Ich helfe ihnen, ihre Fähigkeiten zu entdecken, und deshalb bezeichne ich diese Gruppenarbeit als »Angewandte Integrale Psychologie«. Wir akzeptieren in der Gruppe, daß jeder von uns seine oder ihre eigenen Qualitäten hat, die entstellt werden können, wenn man sie allein für die Ziele des kleines Ichs einsetzt. Diese Verzerrung führt schließlich zur Krise, und daher halte ich es für wesentlich, daß die Teilnehmer mit ihren wahren, inneren Qualitäten und mit den Verzerrungen vertraut werden, die sich in ihnen manifestieren.

Als ich Tansleys Radionikanalyse mit der Beschreibung meiner Strahlenqualitäten erhielt und erkannte, welch kostbaren Einblick sie barg, wurde mir klar, daß die Lehre von den Strahlen auch für meine Trainingsgruppen von größter Wichtigkeit ist. Hier war der große Rahmen, in dem alle anderen Systeme ihren Platz finden könnten – das Bindegewebe, das sie alle zusammenbringen würde.

Tansley fertigte dann eine vollständige Radionikanalyse für jedes Mitglied einer meiner Trainingsgruppen an, und wir arbeiteten mit diesen Informationen während eines dreitägigen Seminars. Ich lieferte den Teilnehmern den theoretischen Hintergrund, indem ich die Lehre von den Strahlen vermittelte, und dann begannen wir uns gezielt mit den Strahlenkonfigurationen der einzelnen zu befassen und die Auswirkungen der Strahlen in den Beziehungen zu erforschen, die zwischen verschiedenen Mitgliedern der Gruppe bestanden. Es war ganz bemerkenswert, wie auf diese Weise Beziehungen geklärt werden konnten durch unsere Beobachtungen und Kenntnisse der Strahlenenergien.

In jener Gruppe stand bei der Hälfte der Mitglieder das transpersonale Selbst unter dem Einfluß des 2. Strahls – was vielleicht nicht überrascht, wenn man bedenkt, daß sie alle danach strebten, durch ihren gewählten Beruf im tiefsten Sinne des Wortes zu dienen. Etwa ebenso viele, so stellte sich heraus, hatten einen vom 5. Strahl beeinflußten Mentalkörper – was mit ihrem Interesse an der Beschäftigung mit esoterischer Psychologie übereinstimmte. So war es kein Zufall, daß ich selbst als Leiter der Gruppe ein transpersonales Selbst unter dem 2. Strahl und einen Mentalkörper unter dem 5. Strahl habe; beide dienten als Brennpunkt spezifischer Energien, von denen die Gruppe sich angezogen fühlte. Unsere Arbeit mit den Strahlen ließ uns die Auseinandersetzungen und Meinungsverschiedenheiten verschiedener Gruppenmitglieder in einem neuen Licht – dem der verschiedenen beteiligten Strahlen – sehen, aber auch die harmonischen Übereinstimmungen und Sympathien erkunden und erleben. Wir waren offenkundig auf einen ganzen Forschungsbereich gestoßen, der brachgelegen hatte und den ich in den vor uns liegenden Jahren weiter untersuchen möchte. Ein Teilbereich ist hierbei die Eheberatung: Die Erkenntnisse aus der Analyse der Strahlenkonfigurationen würde sich als höchst nützlich erweisen und zeigen, wie Partner sich zueinander und miteinander verhalten und welcher Art ihre Beziehung sein wird. Aus meiner persönlichen Erfahrung im Umgang mit den Strahlenenergie-Qualitäten weiß ich, daß sie den Schlüssel zu viel tieferen Einsichten über das Wesen des Menschen und seine Art zu leben bieten, als uns bis heute zugänglich waren.

Aura, Chakren und die Strahlen des Lebens bietet die Grundinformation, auf der Therapeuten aufbauen können. Dieses Buch ist ein Grundstein, auf den der Praktiker bauen kann, nicht nur in der Radionik, sondern auch in der Sozialarbeit und -beratung, der Psychotherapie, Medizin und Heilung. Als solches empfehle ich es wärmstens all jenen, die den Mut haben, Horizont und Vision zu erweitern und ihre Einzigartigkeit dem Einen anzubieten, der uns führt.

Vorwort

Am Morgen des 7. März 1984 – es war ein Mittwoch – setzte ich mich an die Schreibmaschine und tippte eine siebenseitige Zusammenfassung eines Buches über das Heilen, die ich pünktlich an einen Verleger schickte. Am Nachmittag wußte ich: Mir »drohte« ein weiteres Buch, in der »Dimension II« existierte es bereits vollständig. Ich wußte, daß dieses Buch von den Energien der sieben Strahlen in der Radionik handeln würde. Ich wußte auch, daß es mein letztes Buch zum Thema Radionik sein und meinen Beitrag zu diesem Gebiet damit vollenden würde. Ich kehrte zu meiner Schreibmaschine zurück und tippte das Manuskript zu diesem Buch in 55 Arbeitsstunden nieder; der erste Entwurf blieb die endgültige Fassung. Dieses Buch hatte ich nicht geplant; vielmehr klopfte es wie *Radionics: Science or Magic?* an die Tür meines Bewußtseins und verlangte nach Ausdruck zu einer Zeit, als ich nicht nur mit Arbeit überlastet war, sondern auch gerade einen Umzug vor mir hatte. Die Niederschrift von zwei anderen Büchern – *Die Aura des Menschen* und *Radionik: Energetische Diagnose und Behandlung* – war vorausgegangen.

Ich erzähle Ihnen diese Fakten, weil das Phänomen mich fasziniert. Es geschah bereits bei drei früheren Büchern, während die vorausgegangenen Werke reinste Knochenarbeit waren und umfangreiche Korrekturen und Neuformulierung verlangten. Warum sich dies geändert hat, weiß ich nicht, aber es könnte mit den in *Radio-*

nics: Science or Magic? dargestellten Theorien sowie den glänzenden Büchern von Jane Roberts über die Dimensionen I und II zu erklären sein. Ich vermag nur zu spekulieren, daß es zu einer Einstimmung zwischen meinen beiden Gehirnhemälften und vielleicht den höheren Aspekten meines Mentalkörpers und der buddhischen Ebene kommt. Ich kenne die »technischen« Voraussetzungen des Phänomens nicht, weiß aber, daß diese Bücher als ein Strom von Worten und Gedanken in Erscheinung traten, von denen ich manche noch nie zuvor erwogen hatte. Ich fühle mich voll Energie und wache unweigerlich um drei Uhr morgens oder noch früher auf, stehe auf und fange an zu arbeiten. Nur selten ermüdet mich diese Arbeit, doch mein physischer Körper verliert dabei mehr an Gewicht, als ich mir leisten kann.

Zweifellos läßt mein Umgang mit der Sprache noch zu wünschen übrig, aber das beunruhigt mich nicht allzusehr. Meine Bücher sollen Ideen vorstellen, damit andere sie aufgreifen und mit ihnen arbeiten; vor allem aber scheinen sie der Radionik eine neue Richtung zu weisen, die seit Erscheinen von *Der feinstoffliche Mensch* im Jahre 1972 (deutsch 1992) immer deutlicher erkennbar wird.

In diesem Buch liegt der Schlüssel für einen ganz neuen Zugang zu diesem Bereich des Heilens und der Fernbehandlung. Diese hier vorgestellten Prinzipien verlangen vom Ausübenden ein tieferes Verständnis der Chakren, der feinstofflichen Körper und insbesondere der Strahlen, mit dem er in seinem Arbeitsfeld mehr leisten wird.

Ich hoffe, daß dieses Buch und meine vorausgegangenen Veröffentlichungen über Radionik Ausgangspunkt und Grundlage für jene sein werden, die bereits mit Radionik arbeiten, und ein Leitfaden für alle, die sich die Radionik unter günstigeren Voraussetzungen in der Zukunft erschließen werden, um sie in das 21. Jahrhundert weiterzuführen.

1

Grenzen und Hindernisse

Wachstum bedeutet im Grunde ein Vergrößern und Erweitern der
Horizonte, ein Wachsen der Grenzen, äußerlich in der Perspektive
und innerlich in der Tiefe.

Ken Wilber, *Wege zum Selbst*

Im Bericht des Londoner Radionik- und Radiästhesie-Kongresses vom
Mai 1950 in London lesen wir, daß der Reverend Paul W. Eardley in
seiner Einführung zu dem Redner Ronald Thornton sagte:

»Obwohl dies zu Recht eine wissenschaftliche Versammlung ist, sind
auch die philosophischen, metaphysischen und – darf ich das zu
sagen wagen? – theologischen Konsequenzen unserer Überlegungen
ganz enorm.«

Seit 1950 hat die Radionik ihre Horizonte erweitert und ihre Perspek-
tiven vertieft, und sie hat die beschränkenden Grenzen und Hindernisse zurückgeschoben, die mit ihrem recht physikalischen Ansatz
verbunden waren. Heute wird die Sprache der physischen Medizin,

Anatomie und Physiologie durch eine eher metaphysische Ausdrucks-
weise ergänzt: Wir sprechen nun von der feinstofflichen Anatomie,
den Chakren und den Strahlenenergien, die den äußeren Menschen
gestalten und ihm Eigenschaften geben. Krankheit wird zwar in
orthodoxen Begriffen diagnostiziert, doch ihren Ursprung sehe wir in
Störungen des Energiegleichgewichts in den Chakren oder den feinstofflichen Körpern. Im Jahre 1950 ermittelten die Radionikpraktiker
noch nicht den Zustand der Chakren; heute gehört dies zur alltäglichen Praxis. Sie stellten auch nicht die Verfassung der feinstofflichen
Körper fest, heute aber tun sie es. Diese Aspekte der Diagnose, die das
Gesicht der Radionik im Laufe der vergangenen zehn Jahre radikal
verändert haben, wurden früher einfach nicht gebraucht, obwohl –
wenn man die Worte des Reverend Eardley ernst nehmen will – das
Potential vorhanden war und nur darauf wartete, zum Ausdruck zu
gelangen.

Es ist eine Tatsache: Die Radionik ist eine Heilkunst ohne Grenzen.
Ihre Möglichkeiten sind die Möglichkeiten des menschlichen Geistes
und der menschlichen Kraft zu heilen. Die einzige Grenze, die sie
beengen kann, ist das Maß des Wissens beim einzelnen Praktiker und
die Qualität seines spürenden Gewahrseins. Es mag hilfreich sein, auf
diesen Gedanken etwas ausführlicher einzugehen, denn es ist wichtig,
ganz zu verstehen, worum es hier geht.

Kurioserweise brauchen wir Grenzen und Hindernisse, wir brauchen die psychische Isolationsschicht, die ein ganzes Spektrum von
Energien abhält, in unsere feinstofflichen Körper zu gelangen –
Energien, die unsere körperliche und psychische Gesundheit durchaus
zerstören könnten, gerieten sie außer Kontrolle. Der Radionikpraktiker begibt sich mit seiner Arbeit in eine sehr reale Gefahr. Ich habe
meine Radionikerkollegen über die Jahre hin beobachtet und gesehen,

wie eine Reihe von ihnen krank wurde und manche sogar starben unter dem Einfluß machtvoller Energien, die sie schlichtweg nicht verstanden. Ich habe auch meine eigenen Reaktionen auf das »Energiefeld Praxis« beobachtet und kenne daher die Fallen und Risiken, die mit dieser Arbeit untrennbar verbunden sind. Die Gefahr wird größer und sehr akut gerade durch den Akt der radionischen Diagnose-Erstellung – eine Handlung, die jeder Praktiker tagein, tagaus durchführt. Während der diagnostischen Arbeit ist man den pathologischen Störungen des Patienten unmittelbar ausgesetzt. Sie können in die feinstofflichen Körper des Praktikers gelangen, wenn dieser sie nicht fernzuhalten weiß. Hinzu kommt noch die oft destruktive Macht der Selbsttransformation, doch lassen Sie mich diesen Begriff erklären: Beim Erstellen einer radionischen Diagnose kommen die übersinnlichen Fähigkeiten des Praktikers ins Spiel, und die ständige Praxis öffnet gewisse Bereiche der Seele. Wenn der Radioniker diesen anhaltenden und intensivierten Transformationsprozeß nicht unter Kontrolle hat, treffen die Energien, die er bei der täglichen Arbeit anzieht und nutzt, auf Widerstand. Hält dieser Widerstand an, kann er am Ende zur letzten Transformation – zum Tode – führen, zumindest aber zu einer Serie innerer Krisen.

Natürlich sind nicht allein Radionikpraktiker in dieser Situation, aber die mediale Komponente ihrer Arbeit kann die negativen Effekte verstärken. Denken Sie nur an die Verbreitung von Drogenmißbrauch und Alkoholismus unter Ärzten und an die hohe Selbstmordrate bei Psychiatern. Auch sie nehmen die negativen Energien von ihren Patienten auf. Stellen Sie sich einmal vor, tagein, tagaus den Schilderungen pathologischer Zustände – besonders astral-emotionaler Varianten – von einem neurotischen oder psychotischen Patienten nach dem anderen lauschen zu müssen. Am Ende eines Arbeitstages ist der Praktiker gesättigt und umgeben von einem Morast pathologischer Energien, die die innerste Substanz seines eigenen Äther- und besonders Astralleibes buchstäblich durchdringen und infizieren. In meinem Buch *Radionics: Science or Magic?* vertrat ich die Theorie, daß Radionik mehr der Magie verwandt sei als der Wissenschaft. Dies ist eine Tatsache, und die Praktiker müssen das erkennen, um die Gefahren zu verstehen, denen sie sich aussetzen.

Mit Radionik zu arbeiten heißt, mit Energien auf kreative und damit magische Weise umzugehen. In ihrer *Abhandlung über weiße Magie* sagt Alice Bailey, daß der Magier, der Gedankenformen erschafft, lernen muß, in der Mitte zwischen Land und Wasser zu stehen – Land und Wasser sind Symbole für mentale und astrale Ebenen – und darauf zu achten, daß die Fluten der Astralebene ihn nicht überwältigen. Dies gilt auch für jeden Praktiker der Radionik: Er muß lernen, in der Mitte, im Gleichgewicht zu stehen. Was aber bedeutet dies im Praktischen?

Zunächst müssen wir verstehen, daß jeder Praktiker, der seinen Schwerpunkt im Astralkörper hat und über das Solarplexus-Chakra arbeitet, Schwierigkeiten zu gewärtigen hat. Denken Sie daran, daß 95 Prozent aller Krankheiten ihren Ursprung auf der astralen oder der ätherischen Ebene haben, und wenn man selbst seinen Schwerpunkt auf diesen Ebenen hat, setzt man sich vielen destruktiven Energien aus, besonders bei der Ferndiagnose oder -behandlung. Es ist deshalb sehr wichtig, seine Aura auf astraler und ätherischer Ebene von der Arbeit zu trennen und sich in den Kopf-Chakren und auf der mentalen Ebene in höheren Bereichen zu konzentrieren. Empathie und Identifizierung mit der Krankheit eines Patienten ist Anzeichen für astrale Tätigkeit und wird unweigerlich zu Problemen führen, die sich durch Ermüdung und ein akut überempfindliches Nervensystem ankündigen. Die Polarisierung auf der mentalen Ebene ist die einzige Sicherheitsmaßnahme; sie muß ergänzt werden durch die Fähigkeit, mit der Energie der Liebe über das Herz-Chakra zu arbeiten. Ja, die Kopf-Chakren und das Herz-Chakra müssen verbunden sein und im Einklang arbeiten, um vollen Schutz zu gewähren.

Während der Wirkungsbereich der Radionik durch die subtile Dimension der Chakren und feinstofflichen Körper beträchtlich erweitert wurde, führte diese auch zu einer Situation, die vom Praktiker zwingend verlangt, bewußter zu arbeiten. Mit anderen Worten: Früher oder später ist er gezwungen, die dem Radionikprozeß innewohnende Gefahr zu erkennen und Mittel und Wege zu suchen, die destruktiven Energien zu überwinden, mit denen die tägliche Arbeit ihn in Berührung bringt. Was ich hier sage, gilt zwar für alle Formen des Heilens, in besonderem Maße aber für die Radionik.

Die Radionikpraxis forciert das psychische und letztlich spirituelle Wachstum, besonders wenn der Ausübende die gerade erwähnten Bereiche der Diagnose von Chakren und feinstofflichen Körpern einbezieht. Ohne gebührende Vorbereitung und die ständige Wachsamkeit, die von jedem echten Heiler verlangt wird, darf man sich in solche Gebiete nicht wagen. Ich werde später noch davon sprechen, was Wachsamkeit verlangt und wie man eine Haltung ausgerichteten Gewahrseins annimmt.

Seit mehreren Jahren habe ich meine Radionikarbeit nun um einen neuen diagnostischen Aspekt erweitert: die Strahlenanalyse. Das Echo darauf war sehr gedämpft und zögernd, was mich freilich nicht überrascht. Man braucht nämlich mindestens drei Jahre intensiven Studiums, um auch nur die Grundbegriffe zu erfassen, die notwendig sind, wenn man diesen Bereich der spirituellen Psychologie mit der Radionikanalyse zusammenbringen will. Dieses Wissensgebiet ist nicht leicht zu erarbeiten, und dies aus gutem Grund: Hier ist die Verbindung zu mächtigen Energieströmen, mit denen man vorsichtig und verständig umgehen muß.

Viele Menschen haben Probleme mit den Schriften Alice Baileys, vielleicht weil die Schwingungsqualität ihrer Werke überaus mental ist und deshalb jene Menschen nicht anspricht, die ihren Schwerpunkt im Astralen haben oder denen aufgrund ihrer Strahlenstruktur andere Wege leichter erscheinen. Ich habe die meisten esoterischen Lehren studiert, finde aber zur Kabbala nur sehr schwer Zugang, während ich Bailey mit einer Leichtigkeit lesen kann, die mich selbst immer wieder überraschte. Auf kuriose Weise haben die Lebenswege vieler Menschen, die Alice Bailey persönlich kannten, den meinen gekreuzt. Victor Fox, ihr langjähriger Sekretär, war mir in Kalifornien ein Nachbar und guter Freund, und es gibt andere – die meisten von ihnen sind schon ins jenseitige Licht hinübergegangen –, denen ich viel Wissen im Umfeld der Schriften Alice Baileys zu verdanken habe. Ich nehme an, daß mich gut 24 Jahre der Beschäftigung mit Baileys Werk – besonders mit den Themen des Heilens und der spirituellen Psychologie – ganz natürlich dahin geführt haben, dieses Wissen auch im Bereich der Radionik anzuwenden, die schließlich eine praktische Anwendung des esoterischen Heilens ist. Viel Theorie zum Thema Heilen zu wissen ist gut, vielleicht sogar wesentlich, aber es kommt auf die praktische Anwendung an. Durch die Einführung der Diagnose von Chakren und feinstofflichen Körperhüllen in die Radionik setzte ich einen Energiestrom in Bewegung, der die Ausübung dieser bemerkenswerten Heilkunst sowohl verbreitert als auch vertieft hat. Gleichzeitig hat er beim Praktiker das Gewahrsein für die feinstofflichen Energiekörper verstärkt, die der physischen Gestalt zugrunde liegen. Nun möchte ich diesen Prozeß abrunden, indem ich die sieben Strahlen etwas detaillierter vorstelle und zeige, wie dieses Wissen bei der Radionikarbeit praktisch genutzt werden kann. Keiner sollte sich abschrecken lassen durch die Tatsache, daß Bailey fünf umfangreiche Bände über das Thema der sieben Strahlen schrieb; es gibt manche grundlegenden Aspekte dieses Wissensschatzes, die auch in der Praxis verstanden und eingesetzt werden können.

Es überrascht wohl kaum, daß dieses Gebiet esoterischen Wissens von einer schützenden Grenze, einer Art Bannkreis umgeben ist. Der Praktiker muß mit reiner Motivation ins Innere diesen Kreises vordringen. Dies bedeutet, daß das erworbene Wissen im Dienste der anderen genutzt werden muß, nicht zur Selbstverherrlichung oder um das Image der Persönlichkeit aufzubauen. Man muß ein starkes schöpferisches Interesse an der Thematik besitzen und sich vom Wissensdurst begeistern lassen; ein solcher Zugang öffnet dem Praktiker den Weg zu wahrer Erkenntnis über das Wesen der Strahlen, die sich durch beiläufige Lektüre nicht erschließen läßt.

Die Kenntnis der Strahlen muß zur Selbsterkenntnis werden, sie muß aufgenommen und verinnerlicht werden, so daß sie ein Teil des Individuums wird. Dabei weichen die Grenzen zurück und geben den Weg frei zu größerem Gewahrsein; so beweist der Praktiker seine Tüchtigkeit. Es reicht nicht aus zu wissen, daß der 1. Strahl mit dieser oder jener Qualität assoziiert wird oder daß die Tugenden des 2. Strahls Geduld, Ausdauer, Wahrheitsliebe und so weiter heißen. Diese Energien müssen zur lebendigen Wirklichkeit im Bewußtsein des Praktikers werden, bevor dieser sie im Rahmen seiner diagnostischen Arbeit interpretieren und praktisch nutzen kann. Das heißt, der Praktiker ist gezwungen, seine Wahrnehmung zu erweitern – und das ist etwas, worauf ich schon immer hingewiesen habe: Die Radionik ist mehr als eine Heilweise; sie ist ein machtvoller Anstoß zur eigenen

Transformation. Solange die Radioniker sich dessen und der Natur der Energien nicht bewußt sind, mit denen sie arbeiten, begeben sie sich in Gefahr und spielen möglicherweise mit dem Feuer.

Während die Reaktion der Radionikpraktiker auf mein letztes Buch nicht unbedingt begeistert ausfiel – vielleicht, weil es zu viele höchst abstruse, aber geheiligte Kühe angriff, die in dieser Heilkunst ihr Unwesen treiben –, war die Antwort von Ärzten und Psychologen und einigen unabhängig denkenden Praktikern sehr ermutigend. Viele teilten mir mit, nun endlich sähen sie, was Radionik ist. Was ich bisher darüber geschrieben hatte, entspreche dem, was sie schon seit Jahren empfunden hätten. Francis Farrelly, ein Veteran unter den Praktikern, besuchte mich in Chichester und bestätigte diese Eindrükke: Es sei an der Zeit, daß jemand die Luft reinigte und klarstellte, worauf Radionik wirklich beruht: auf dem esoterischen Menschenbild und nicht auf einer Reihe von Instrumenten. Letztere machen den Praktiker so oft blind gegenüber der wirklichen Bedeutung und dem Verständnis des menschlichen Instrumentes und seiner Entfaltung, und taub für das Wesen der beteiligten Energien.

Vielleicht noch wichtiger als diese Briefe, Telefonanrufe und persönlichen Bemerkungen, die meine Gedankengänge unterstützten, ist die Tatsache, daß meine Bücher eine Reihe von Kontakten anregten, darunter den Austausch mit einem Psychologen auf dem europäischen Festland, der mehrere Gruppen nach den Prinzipien der spirituellen Psychologie leitet. Er schrieb mir Ende 1983:

Es war für mich eine Erleichterung, daß Sie den Prozeß der Analyse und Behandlung deutlich von dem Einsatz von Apparaten abgrenzten, wie es in Ihrem jüngsten Buch *Radionics: Science or Magic?* so unmißverständlich geschah. (Zugleich ist dieses letzte Buch meines

Erachtens das »unvollendetste«; es ist, wie ich meine, wohl eine Art
Zwischenbericht.)

Nun, letzteres muß ich bestätigen. Das Buch verfolgte unter anderem
die Absicht, eine zeitgemäßere, lebensfähige Basis für die Radionik
herzustellen, damit diese sich von so manchen Anomalien und Idio-
synkrasien trennen und ihr gewaltiges Potential entwickeln könnte.
Der Widerstand gegen die dargestellten Gedanken von seiten der
orthodoxen Machtstruktur in der bereits etablierten Radionik trat
augenblicklich zutage und hält immer noch an. Wie wichtig das ist,
vermag ich nicht zu spekulieren, ich weiß nur, daß die Entfaltung der
Radionik sich von voreingenommener und unwissender Meinungs-
mache nicht aufhalten lassen wird. Wenn eine Organisation verknö-
chert, muß sie schließlich zerbrechen und dem neuen Impuls Platz
machen. Dieser Impuls beginnt nun, in die Radionik einzufließen. Er
klärt die Fronten, da jene Vertreter der alten Schule verzweifelt
versuchen, sich an ihre Lieblingsideen zu klammern, die ihren Zwek-
ken schon so lange gedient haben. Auf der schöpferischen Ebene geht
die Radionik jedoch auf eine neue Ausdrucksform zu und behandelt
nun den ganzen Menschen und seine Energien: Der Same keimt, der
zum Hervortreten einer wahrhaft ganzheitlichen Heilkunst führen
wird. Mein Psychologenfreund hatte recht: *Radionics: Science or
Magic?* war ein unvollendeter Zwischenbericht. Für mich war das
Buch eine vorläufige Aussage, die den Weg weisen würde zu einer
klaren Darstellung der Strahlenenergien und zeigen sollte, wie diese
die Basis für die weitere Entwicklung der Radionik bilden würden. In
gewissem Sinne ermutigt mich die Tatsache, daß nicht in erster Linie
die Gemeinde der Radioniker auf diese Erweiterung reagierte, sondern
die Psychologen und Ärzte, die sich zwar für Radionik interessieren,

aber nie aktiv damit zu tun hatten aufgrund der offenkundigen Anomalien, die bis vor kurzem unwidersprochen vorherrschten. Diese Lage der Dinge verändert sich jetzt, und der neue Impuls wird zu einer neuen Form der radionischen Praxis führen, die das beratende Gespräch als eine primäre Maßnahme beim Heilen anerkennen wird.

Ich sehe eine Zeit vor uns, da ordentlich ausgebildete Radioniker aufgefordert werden, im Auftrag von Psychologen und Psychiatern ganzheitliche Energiegutachten von Patienten zu erstellen, die zur Orientierung bei der beratenden Tätigkeit gebraucht werden. Der Präzedenzfall für diese Entwicklung ist bereits da: C. G. Jung studierte zweifellos die Horoskope seiner Patienten, um sein Wissen über sie und damit seine Fähigkeit zu vertiefen, einen Heilungsprozeß einzuleiten. Im Laufe der letzten Monate hatte ich das Privileg, eine ganze Reihe von Radionikanalysen für den genannten Psychologen in Europa anzufertigen. Ich zeichnete die Strahlen auf, ermittelte den Zustand der Chakren und Organsysteme jedes einzelnen Patienten und fügte diese Informationen zu einem sinnvollen Muster zusammen, das im Rahmen der Gruppenarbeit als Grundlage zum Verständnis des Wesens persönlicher Krisen und, ebenso wichtig, persönlicher Potentiale dienen kann.

Nun wollen wir sehen, was zu diesem Prozeß gehört und welche Verantwortung er dem Praktiker auferlegt. Diese Aufgabe sollte man nicht auf die leichte Schulter nehmen, denn sie verlangt beträchtliches Wissen im Umgang mit Lebensmustern. Darüber hinaus muß der Praktiker fähig sein, unbeirrbar und klar auf der mentalen Ebene zu arbeiten und frei zu bleiben von den täuschenden Einflüssen der Astralebene. Nicht gering ist die sehr reale Verantwortung, die mit dieser Form der Arbeit verknüpft ist.

2

Die Muster des Lebens

Ich möchte eure Aufmerksamkeit auf die zunehmende Verwendung des Wortes »Muster« bei den Psychologen und Denkern der Menschheit lenken. Dieses Wort birgt eine tiefe esoterische Bedeutung.

Alice A. Bailey, *Esoterische Psychologie II*

Das Muster, das uns am meisten interessiert, liegt in den verschiedenen Aspekten der menschlichen Psyche. Über die Jahrhunderte hinweg hat der Mensch sich bemüht, sein Bild und Verständnis von sich selbst in eine Sprache zu fassen – und gerade darin liegt das Problem: Sprache verschleiert und verhüllt die Wahrheit. Wir müssen uns darüber im klaren sein: Was wir verstehen wollen, liegt jenseits der Worte und läßt sich durch sie keinesfalls begrenzen oder fassen. Paradoxerweise sind Wörter lebendige Wesenheiten, die Geist, Seele und Gestalt besitzen. Man kann sie benutzen, um die Pforten zu tieferen Bereichen des Verstehens und Gewahrseins zu öffnen.

In diesem Buch wollen wir versuchen, die feinstoffliche oder »subtile« Anatomie des Menschen klarer zu verstehen, und dabei stoßen wir auf einige sehr reale Probleme. Bailey schildert Seele und Persönlichkeit als Hauptenergie und Nebenenergie:

Ich möchte euch hier – wie schon so oft – daran erinnern, daß Worte nicht auszudrücken vermögen und die Sprache eher behindert als fördert, was ich im Sinne habe. Das menschliche Denken steht an der Schwelle zu einem Bereich, für den es noch keine wahre Sprachform gibt – denn wir besitzen keine angemessenen Begriffe –, und in dem Wortsymbole nur wenig bedeuten.

So gesehen, treffen wir also schon am Anfang auf einen echten Nachteil – aber ein Anfang muß gemacht werden. Wo sollen wir nun beginnen und wie weit in Einzelheiten gehen? Bailey schrieb etliche tausend Seiten über die esoterische Beschaffenheit des Menschen, über Strahlenenergien und spirituelle Psychologie. Ist es möglich, aus Millionen von Wörtern ein einfaches und doch umfassendes Muster herauszukristallisieren, das eine Basis für unsere Arbeit in der radionischen Praxis bietet? Ich meine, es ist möglich, aber es ist – das möchte ich betonen – nur eine Grundstruktur, auf der ein jeder Praktiker selbst aufbauen muß. Dieses Wissensgebiet ist von extremer Komplexität, was jedoch niemanden abschrecken soll, den Weg mit Vorsicht und Bedacht weiter zu beschreiten.

Wir wollen zunächst das theosophische Menschenbild als Arbeitshypothese annehmen, um es zu erproben und zu prüfen – und nötigenfalls zu verwerfen, sollte es sich in irgendeiner Hinsicht als ungeeignet erweisen. Das theosophische Modell postuliert, daß jedes Menschenwesen aus Geist, Seele und Persönlichkeit besteht.

Die Persönlichkeit wiederum besteht aus Mentalkörper, Emotionalkörper und Ätherleib. Der grobstoffliche Körper ist einfach als eine Äußerung der feinstofflichen, subtilen Körper zu verstehen, nicht als eigenständiges Prinzip, sondern als eine Widerspiegelung der Muster innerer Energiestrukturen, der feinstofflichen Anatomie. Wenn ein

Esoteriker vom »physischen Körper« spricht, so meint er gewöhnlich den Ätherleib. Einen physisch-ätherischen Körper gibt es nicht, wenngleich dieser Begriff in Radionikerkreisen offenbar zu Mißverständnissen geführt hat – möglicherweise weil ich ihn ursprünglich verwendete, um aufzuzeigen, daß der Ätherleib aus esoterischer Sicht der »physische« Körper ist. Vielleicht ist es notwendig, den Ätherleib einfach als Ätherleib zu bezeichnen und den Begriff »physischer Körper« der grobstofflichen, äußeren Körperhülle vorzubehalten.

Jeder Aspekt der esoterischen Konstitution des Menschen wird durch die Energie eines der sieben Strahlen qualifiziert. Es gibt also den Strahl der Monade oder des Geistes, den Strahl der Seele, den Strahl des Mentalkörpers, den Strahl des Emotionalkörpers und die Strahlen des Ätherleibes und der Persönlichkeit. Der Persönlichkeitsstrahl tritt hervor, wenn das Individuum ein gewisses Maß an Integration zwischen den verschiedenen Körpern und dem niederen Selbst erreicht hat. Wie wir später noch sehen werden, liefern uns der Strahl der Seele und der Strahl der Persönlichkeit Informationen über die Art möglicher körperlicher und psychischer Erkrankung.

Diese Strahlen bilden das Lebensmuster des Individuums und teilen ihm seine Stärken und Schwächen, seine Möglichkeiten und seine Grenzen zu. In Krisenzeiten kann das Wissen um die Strahlenenergien und ihre Wirkungen eine Hilfe sein, um ein neues Gewahrsein und Neuorientierung zu erlangen. Dies ist natürlich weniger durch Fernbehandlung zu erreichen als vielmehr in der Beratung: individuell, durch Korrespondenz oder in der Gruppe. Der erste Weg ist hierbei vorzuziehen, weil ein direktes Gespräch zwischen dem Therapeuten und seinem Klienten eine umfassendere Entfaltung und Nutzung der Energien beider Personen ermöglicht.

Was aber sind die Strahlen? Laut Bailey gibt es sieben große Energieströme, und jede Form in der Natur untersteht dem Einfluß eines dieser Strahlen. Das Wechselspiel der Wirkungen dieser Strahlen bringt die Myriaden von Formen hervor, die wir in der Welt und im Universum sehen. Die Strahlen gelten als die erste Differenzierung der göttlichen Dreiheit. In der Bibel werden sie als die sieben Geister vor dem Throne Gottes dargestellt, und der christliche Mystiker Jakob Böhme erwähnt sie in *Aurora* häufig als die sieben »Quellengeister«.

Welchen Wert hat nun das Wissen über die Strahlen für den Praktiker und den Patienten? Es bietet viele Vorteile. Zum einen hilft es, unsere verschiedenen mentalen, emotionalen und physischen Neigungen zu verstehen. Zweitens können wir mit seiner Hilfe unsere Fähigkeiten, Grenzen und Möglichkeiten klarer einschätzen. Mit dem Einblick, den uns die Kenntnis unserer Strahlenkonstitution bietet, können wir unsere wahre Berufung genauer bestimmen und nicht zuletzt auch den Bereich unseres Dienstes an der Menschheit. Unsere Strahlen zu kennen heißt, uns selbst zu erkennen – das ist die Bedeutung des Satzes: »Mensch, erkenne dich selbst, dann wirst du das Universum und Gott erkennen.« Dieses Thema zieht sich wie ein roter Faden durch alle esoterischen Lehren. In den gnostischen Lehren schreibt Thomas der Wettkämpfer:

> Wer sich nicht selbst erkannt hat, der hat gar nichts erkannt; wer aber sich selbst erkannt hat, der hat zugleich Erkenntnis erlangt über die Tiefe des Alls.

Das ist bei näherem Betrachten eine bemerkenswerte, radikale Aussage: Sich selbst kennenzulernen bedeutet, Erkenntnis zu erlangen über die *Tiefe des Alls.* Wie ist dies möglich?

Der Schlüssel liegt vielleicht in der Tatsache, daß alle Dinge durch die sieben Strahlen bedingt und bestimmt sind. Ein Verständnis dieser Strahlen, die sich in uns manifestieren, gibt uns den Schlüssel zu den Mysterien. Sich selbst zu kennen heißt nicht, seinen Namen oder seinen Beruf zu nennen oder die Myriade von Dingen, die wir annehmen, um eine Identität zu bilden – sich selbst zu erkennen heißt, zu wissen, aus welchen Strahlenenergien wir bestehen. Wir müssen uns als Energie sehen, nicht als Form. In ihrem Werk *Die Strahlen und die Einweihungen* schreibt Bailey:

> Die Studenten sollten sich mit dem »Energie-Begriff« vertraut machen und sollten sich selbst als Energie-Einheiten betrachten, die gewisse Arten von Energien aufzeigen.

Hierzu ist es wesentlich, die Strahlen jedes Aspektes des persönlichen und des transpersonalen Selbst zu verstehen und ihre Interaktionen zu beobachten, die bedingen, wie wir im täglichen Leben agieren und reagieren. Wie wir agieren und reagieren, ist natürlich nicht so einfach, denn wir müssen auch andere Faktoren mit in Betracht ziehen. Wir müssen beispielsweise wissen, wo der Schwerpunkt unseres Lebens liegt – ist er im Astralkörper und manifestiert sich durch das Solarplexus-Chakra, oder liegt er auf der mentalen Ebene und wirkt durch Kehl-, Kopf- oder Herz-Chakra? Ja, es kann sogar von jedem etwas sein, obwohl der Schwerpunkt im allgemeinen deutlich im Astralen oder Mentalen liegt. Wir müssen auch einiges über die Zustände unserer Chakren wissen und feststellen, wie aktiv oder inaktiv sie sind, denn ihre Auswirkungen auf das endokrine System haben einen großen Einfluß auf unsere physische und psychische Fitneß.

Einen Weg, solches Wissen zu erlangen, bietet die Radionik, die den übersinnlichen Aspekt des Tastsinnes nutzt. Mit der richtigen Ausbildung und Sensitivität ist es möglich, die Strahlenkombination eines Individuums festzustellen, den Zustand seiner Chakren sowie die funktionelle Integrität der Organsysteme auf ätherischer Ebene. Diese Informationen lassen sich dann zum Lebensmuster in Beziehung setzen und bieten ein ganzheitliches Bild des Patienten, das im beratenden Einzelgespräch – etwa in einer Krise, in der das Individuum sich gerade befindet – als Hilfe dient. Diese Daten sind wie ein Spiegel, den man dem Patienten zeigt, so daß er sein eigenes Abbild sieht. Das ist wichtig, weil die Reflexion nicht nur die Beschränkungen wiedergibt, die der einzelne an sich wahrnimmt, sondern auch seine tieferen Möglichkeiten und Fähigkeiten.

In *Radionics: Science or Magic?* entwarf ich folgendes Schema zur Illustration der subtilen Körper des Menschen und ihrer Strahlenenergien:

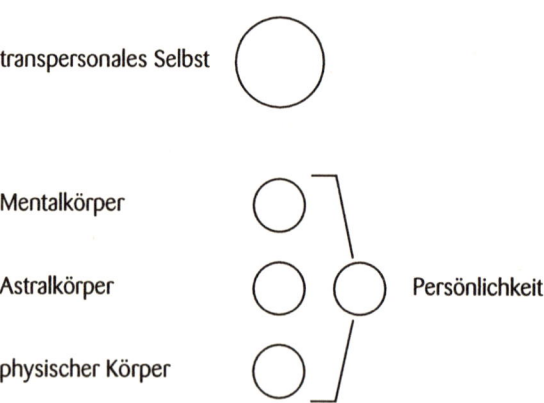

In jenem Buch habe ich die Wiedergabe von Informationen über die sieben Strahlen bewußt beschränkt, weil es als eine Einführung dienen sollte. Die wenigen diesbezüglichen Seiten sollten eher wie ein Kieselstein sein, den ich in den Teich der Radionik warf, um zu beobachten, welche Kreise er an der Oberfläche ziehen würde. Es gab etliche sehr interessante Reaktionen, auf die ich hier nicht eingehen möchte; es soll genügen zu sagen, daß die Zeit die Wichtigkeit dieses Aspektes der Radionik beweisen und die Notwendigkeit einer gründlichen Vertiefung in das Thema zeigen wird, bevor wir unsere Analysearbeit um dieses neue Gebiet erweitern. Manche haben sich bereits darauf gestürzt, und was sie dabei anrichteten, erinnert sehr an das Werk der sprichwörtlichen Elefanten im Porzellanladen. Ich hoffe, daß dieses Buch als Warnung ebenso wie als Ermutigung dienen wird, denn ich habe keinen Zweifel, daß die Radionik an der Schwelle zu einer neuen Erweiterung steht. Um diese aber in gebührender Form einzuleiten, bedarf es einer gewissen Qualität und Tiefe des Wissens über die sieben Strahlen.

Sie haben vielleicht bemerkt, daß die Monade oder der Geist zwar ebenfalls durch die Energie eines Strahls charakterisiert wird, in dem obigen Diagramm jedoch nicht eingezeichnet ist. Selbstverständlich hat die Monade einen Strahl, doch er ist für unsere Arbeit in der Radionik nicht sehr wichtig. Die Monade steht immer unter dem Einfluß des ersten, zweiten oder dritten Strahls. Das transpersonale Selbst, die Persönlichkeit und jede ihrer Komponenten sind auf allen Strahlen anzutreffen. Diese wechseln in der Regel von Leben zu Leben, damit der ihnen innewohnende Mensch ihre verschiedenen Qualitäten zu meistern lernt, sich den Verlockungen von Verblendung und Laster entzieht und die Tugenden zum Ausdruck bringt.

Bevor wir zu Einzelheiten über das Wirken dieser Strahlen durch das Individuum weitergehen, sollen nun einige Information über jeden der Strahlen folgen. Danach können wir untersuchen, wie ihre Auswirkungen in der Energie-Einheit namens Mensch Harmonie oder einen Mangel an Harmonie hervorbringen.

3

Die sieben großen Baumeister

Wir können jedoch damit rechnen, daß sich die »Wissenschaft von den Strahlen« in der kommenden Ära rasch entfaltet, denn sie verspricht viel neues Verständnis vom menschlichen Wesen und Verhalten.

Michal Eastcott, *The Seven Rays of Energy*

Die sieben Strahlen oder »sieben Baumeister« bieten jedem genügend Stoff, um sich ein Leben lang – ja sogar noch länger – mit ihnen zu beschäftigen. Sie sind, wie ich bereits erwähnte, ein höchst komplexes Thema. Wenn ich es zu sehr vereinfachte, ginge ich das Risiko ein, Ihnen eine falsche Vorstellung zu vermitteln. Gelingt es mir jedoch, einige Grundinformationen über dieses faszinierende Gebiet zu skizzieren und aufzuzeigen, wie sie in der Radionikpraxis genutzt werden können, so ist der Zweck dieses Buches erfüllt.

Es gibt sieben Strahlen. Doch die sieben Strahlen, um die es uns hier geht, sind wiederum nur Aspekte des 2. Strahls. Wir leben in einem System des 2. Strahls, einem System, in dem Liebe und Weisheit zu Entfaltung und Ausdruck gelangen. Christus und der Buddha sind die Hauptexponenten dieses Strahls. Wenn wir grundsätzlich anerkannt haben, daß unsere sieben Strahlen in Wirklichkeit Teilaspekte oder »Unterstrahlen« des 2. Strahls sind, dann können wir es damit bewenden lassen und künftig nur noch von den »sieben Strahlen« sprechen. Ich werde sie in der üblichen Reihenfolge nennen und danach im einzelnen charakterisieren.

Die Aspektstrahlen – Teilhaber am Wesen des Vaters

1. Strahl	Macht, Wille und Zielgerichtetheit
2. Strahl	Liebe – Weisheit
3. Strahl	aktive Intelligenz

Die Eigenschaftsstrahlen – Teilhaber am Wesen der Mutter

4. Strahl	Harmonie durch Konflikt
5. Strahl	Wissenschaft oder Wissen
6. Strahl	Idealismus oder Devotion
7. Strahl	Ordnung oder zeremonielle Magie

Jedem Strahl ist eine Farbe zugeordnet, die ich im folgenden noch durch die Strahl-Chakra-Beziehung ergänze:

Strahl	Farbe	Chakra
1	Rot	Scheitel-Chakra
2	Blau	Herz-Chakra
3	Gelb	Kehl-Chakra
4	Orange	Stirn-Chakra
5	Grün	Kreuzbein-Chakra
6	Violett	Solarplexus-Chakra
7	Indigo	Basis-Chakra

Diese Farbzusammenhänge zeigen allerdings nur einen Gesichtspunkt. Die Strahlen besitzen jedoch sowohl eine esoterische als auch eine exoterische Farbenzuordnung, deshalb will ich letztere ebenfalls anführen sowie die eine oder andere weitere Korrelation, die sich als nützlich erweisen mag. Sie werden sehen, daß die folgende Liste nicht mit der vorausgegangenen übereinstimmt, und dies ist eben eines der Paradoxa, die auf einer gewissen Bewußtseinsebene entstehen, auf der widersprüchliche Aussagen korrekt, aber auch inkorrekt sein können, wenn der Verfasser Informationen ausfiltert, um sie dem Uneingeweihten vorzuenthalten. Sowohl Madame Blavatsky als auch Alice Bailey arbeiteten in bezug auf die Farben mit einer solchen Art von »Scheuklappen«, bleiben Sie also offen und flexibel.

Strahl	exoterische Farbe	esoterische Farbe	Position im Körper
1	Orange	Rot	»Lebensatem« im Schädel
2	Indigo mit einer Spur Purpur	Hellblau	Herz
3	Schwarz	Grün	Zentren längs der Wirbelsäule
4	Creme	Gelb	keine Angabe
5	Gelb	Indigo	Gehirn
6	Rot	Silbrigrosa	keine Angabe
7	Weiß	Violett	keine Angabe

Ich habe diese Liste einzig zu dem Zwecke eingefügt, um die Notwendigkeit zu illustrieren, bei diesem Thema flexibel und offen zu bleiben. In diesem Zusammenhang gibt es eine oft verwirrende Vielfalt spezifischer Farben, die bestimmten Chakren zugeordnet sein sollen. Ähnlich wie bei der Zuordnung von Farben und Strahlen scheinen sich solche Angaben oft zu widersprechen. Bei der Behandlung der Chakren in einem späteren Kapitel dieses Buches werden wir auf diese Thematik zurückkommen.

Nun wollen wir jeden Strahl und seine Eigenschaften im einzelnen betrachten. Ich werde dabei versuchen, dieses Material in einer Form zu komprimieren, die die praktische Möglichkeit bietet, bei der Beratung eines Patienten oder der Erstellung eines Gutachtens die benötigten Informationen rasch nachzuschlagen.

Erster Strahl: Wille oder Macht

Dies ist die Energie von Willen und Macht, die zum Zerstörer der Form werden kann; sie entfesselt die Zerstörung, die zur Befreiung führt. Diese Energie wird in esoterischen Quellen unter anderem mit folgenden Begriffen bezeichnet:

der Todesfürst
der Formbefreier
der Allerhöchste
der Wille, der in den Garten einbricht
der Herr des lodernden Grundes

Der 1. Strahl bringt Zielgerichtetheit, natürliche Führungsqualitäten, sehr viel positiven Antrieb; Direktheit in zwischenmenschlichen Beziehungen, konsequente Durchführung von Aufgaben, die Fähigkeit, Aktivitäten anzuregen und Menschen zu führen. Personen, in denen dieser Strahl wirklich aktiv ist, haben ein echtes Gespür für die Bestimmung und einen natürlichen Sinn für die Macht. Sie sind fast immer von der Richtigkeit ihrer Ideen und Einstellungen überzeugt. Narren zu ertragen fällt ihnen gewiß nicht leicht, sie sind selbstsicher und mutig. Dies ist der Strahl des Soldaten, Anführers, Staatsmannes, Forschers und Leiters. Sein höherer Ausdruck manifestiert sich in der Wissenschaft der Staatsführung und Regierung. Die niedere Form wird in der modernen Diplomatie und Politik offenbar.

1.-Strahl-Menschen (wenn man es so formulieren darf) neigen zu Ehrgeiz und Arroganz sowie einer Liebe zur Macht; oft denken sie nicht an andere, werden ungeduldig und reizbar. Sie haben die Tendenz, unflexibel zu sein und sich Veränderungen zu widersetzen. Michal Eastcott zeigt, daß die Geschichte reich ist an 1.-Strahl-Typen, und führt folgende Beispiele an: Roosevelt, Churchill, Napoleon, Dschingis Khan, Alexander der Große, Hitler und Mussolini. Bailey ergänzt noch Walt Whitman, Luther, Carlyle und Lord Kitchener.

Jeder Strahl hat seine Tugenden, Untugenden und Verblendungen. Tugenden und Untugenden sind als Kategorien wohl klar verständlich; Verblendungen jedoch sind die heimtückischen, illusionären Eigenschaften eines Strahls, die uns von der Wahrheit ablenken können; sie sind wie ein Nebel, der die Wirklichkeit verhüllt und verzerrt. Verblendungen suchen uns vor allem im täglichen Leben heim, ohne daß wir ihren Einfluß bemerken.

Besondere Tugenden: Stärke, Mut, Beständigkeit, Wahrhaftigkeit (aus absoluter Furchtlosigkeit entspringend), Macht zum Regieren; die Fähigkeit, wichtige Fragen in großzügiger Denkweise zu erfassen, Menschen zu behandeln und Verfügungen zu treffen.

Untugenden: Stolz (Dünkel), Ehrgeiz, Eigensinn, Härte, Arroganz, Herrschsucht, Halsstarrigkeit, Zorn.

Verblendungen: Liebe zu Macht und Autorität. Stolz und egoistischer Ehrgeiz. Ungeduld und Reizbarkeit, Trennungsdenken, Kälte, Reserviertheit und Egozentrik.

Zu erwerbende Tugenden: Zarte Gefühle, Demut, Mitgefühl, Toleranz, Geduld. Ein Sinn der Fürsorglichkeit für andere.

Zweiter Strahl: Liebe – Weisheit

Dies ist der Strahl der universellen Liebe, Intuition, Einsicht, Kooperation, Menschenfreundlichkeit und Weisheit. Aus diesem Energiestrom gehen die Weisen, Lehrer, Heiler und Reformer der Menschheit hervor; laut Geoffrey Hodson ist es ihre Mission, die Mitmenschen zu heilen, zu lehren, ihnen zu dienen, sie zu erleuchten und zu erlösen. Die höhere Ausdrucksform des Lehrens aus dieser Energie bilden die Einweihungsprozesse der Erleuchteten. Die niedere Form wird durch Religion verkörpert.

Die Natur des 2. Strahls ist Inklusivität und Anziehung. Personen unter dem Einfluß dieses Strahls sind oft von Natur aus mitfühlend und haben ein echtes Interesse für andere; sie sind meist gern gesehen, beliebt und verträglich. Sie sind die Friedensstifter, haben aber auch eine starke Tendenz zum Negativen. Sie lassen sich von ihrem Ziel leicht ablenken, und ihre Ansichten wechseln mit der Gesellschaft, in der sie sich befinden. Ihre Schwächen sind Sentimentalität, Sinnlichkeit und hin und wieder eine unpraktische Veranlagung. Der 2.-Strahl-Mensch ist in der Regel sehr sensibel und sensitiv, manchmal sogar zu sensitiv, als es gut für ihn ist. Seine scharfe Wahrnehmung ermöglicht es ihm, hinter die Oberfläche der Dinge zu blicken, und so kann er leicht das subjektive Wesen der Umstände und Ereignisse erfassen. Er ist fast immer bereit, anderen zu helfen, und findet oft seinen Weg in helfende und heilende Berufe. Als Vertreter des 2. Strahls nennt Michal Eastcott: Mutter Theresa und Papst Johannes Paul II.

Besondere Tugenden: Ruhig und friedlich, kraftvoll, geduldig und ausdauernd, wahrheitsliebend, treu und zuverlässig, mit Intuition, klarem Verstand und heiterem Temperament ausgestattet.

Untugenden: Gefühlskälte bei Überbetonung des Weisheitsaspektes, Gleichgültigkeit gegen andere, blickt verächtlich auf mentale Begrenzungen anderer hinab, geht in seinen Studien auf.

Verblendungen: Furcht. Negativität. Schwaches Selbstbild. Gefühl der Minderwertigkeit und Unzulänglichkeit. Depression, ständige Ängstlichkeit, Selbstmitleid. Exzessive Selbstauslöschung, Trägheit und Erfolglosigkeit.

Zu erwerbende Tugenden: Liebe, Mitgefühl, Selbstlosigkeit.

Menschen auf diesem Strahl sind selten zufrieden mit dem, was sie im Leben geleistet haben; nie haben sie das Gefühl, wirklich etwas erreicht zu haben, selbst wenn ihre Leistungen für andere ganz offensichtlich sind. Angst und Furchtsamkeit sind sehr reale Belastungen für diese Menschen mit ihrer angeborenen Sensibilität. Der Heiler unter dem Einfluß des 2. Strahls arbeitet laut Bailey am besten durch gründliches Kennenlernen des Temperaments seiner Patienten und der Wesensnatur seiner Krankheit, um dann die Willenskraft möglichst vorteilhaft einzusetzen.

Die Energie des 2. Strahls wird in anderen Quellen auch bezeichnet als:

der Entfalter der Herrlichkeit
die Strahlenenergie in der Form
der große Geometer
der kosmische Christus
der Herr ewiger Liebe

Diese Namen klingen vielleicht etwas seltsam, doch sie alle sind machtvolle Saatgedanken, über die der Heiler meditieren möge. (Dies gilt natürlich für alle Namen aller Strahlenherrscher.)

Dritter Strahl: Aktive Intelligenz

Dies ist der Strahl des kreativen Vorstellungsvermögens, der Anpassungsfähigkeit, der Unparteilichkeit, der Würde, des Begreifens und Verstehens. Es ist auch der Strahl des Fleißes, des Geschäfts, der Technik (man denke nur an den Computerboom), der Kommunikation und des Transportwesens. Der dritte Strahl hat den Menschen aus den Höhlen vorgeschichtlicher Zeit auf die heutige Höhe technischer Leistungsfähigkeit gebracht.

3.-Strahl-Menschen sind in der Regel erfolgreich im Geschäft und können wirtschaftlich und klug mit Geld umgehen. Sie haben die Fähigkeit, Dinge gründlich zu planen und wissen instinktiv den wirtschaftlichsten Weg, um ihre Ziele zu erreichen. Sie sind oft auch körperlich in guter Verfassung – Jogging ist ein Zeitvertreib des 3. Strahls, wie auch alle athletischen Bemühungen. Der 3. Strahl ist die Macht, die Form hervorruft, er ist der Strahl des wahren Baumeisters. Er birgt die Kraft der Entwicklung, die Qualität der mentalen Erleuchtung und die Fähigkeit, auf der physischen Ebene zur Synthese zu führen. Menschen, die schnell reden und rasche Bewegungen machen, haben oft einen Körper unter dem Einfluß des 3. Strahls. Sie reden oft unablässig über wenig oder gar nichts, scheinen ständig beschäftigt zu sein und keine Zeit zu haben.

Die Energie des 3. Strahls wird in anderen Quellen auch bezeichnet als:

der Erbauer des Fundaments
der große Architekt des Universums
der Verteiler von Zeit
der Herr des Erinnerungsschatzes
der Lichtbringer für die Lotosblume

Laut Hodson ist dies der Strahl des Astrologen, Gelehrten, Diplomaten, Philosophen, Richters, Bankiers, Ökonomen, Schachspielers, Strategen und Dirigenten. Diese Berufe, die mit den Strahlen assoziiert werden, können Ihnen als Richtschnur dienen, wenn Sie mit Ihren Patienten über solche Dinge sprechen. Ich haben oft Radionikpatienten, die sich in einer Krise oder Übergangsphase ihres Lebens befinden und erwägen, eine andere Richtung einzuschlagen oder einen neuen Weg zu beschreiten. Dank der Hinweise aus der Charakteristik der sieben Strahlen ist es möglich, zu erörtern und zu besprechen, welche Richtungen und Wege sich für den einzelnen am nützlichsten erweisen könnten.

Alle Mittel der Kommunikation und Interaktion bieten Wege für die höhere Form, Wahrheit nach dem Energiestrom des 3. Strahls zu verbreiten: Radio, Telegrafie, Fernsehen, Telefon und Transportwesen. Die niedere Ausdrucksform wählt den Weg der Verteilung von Geld und Gold. Der 3.-Strahl-Typ kann manipulierend tätig sein; man denke nur daran, wie die »Gnome von Zürich« mit dem Gold- und Geldmarkt spielen, um ihre Ziele zu erreichen. Politische Intrigen und krumme Wege sind beide Ausdruck der Energien des 3. Strahls.

Besondere Tugenden: Großzügige Ansichten in allen abstrakten Fragen, Aufrichtigkeit in den Absichten, klarer Verstand, die Fähigkeit, sich in philosophische Themen zu vertiefen, Geduld, Vorsicht und keinerlei Neigung, sich selbst oder andere über Nichtigkeiten aufzuregen.

Untugenden: Verstandesdünkel, Kälte, Isolierung, Ungenauigkeit in Einzelheiten, Zerstreutheit, Halsstarrigkeit, Egoismus, zuviel Kritik an anderen

Verblendungen: Die Verblendung, immer beschäftigt zu sein. Materialismus. Voreingenommenheit mit Einzelheiten, die das Handeln lähmen, weil so viele Blickwinkel für eine Situation existieren. Tüchtigkeit und Wichtigtuerei (»Ich weiß alles«). Intrigen und Manipulation. Täuschung und Eigeninteressen.

Zu erwerbende Tugenden: Toleranz, Hingabe, gesunder Menschenverstand, Genauigkeit und Einfühlungsvermögen.

Der Heiler unter dem Einfluß dieses Strahls arbeitet am besten mit Arzneien, die aus Pflanzen oder Mineralien hergestellt sind, die vom gleichen Strahl beeinflußt werden wie der Patient. Darauf werde ich in einem späteren Kapitel noch ausführlicher eingehen. Der 3. Strahl liefert die Energie für den Kräuterheilkundigen und den Homöopathen. Stellen Sie sich nur einmal vor, wie deren Heilfähigkeit gesteigert wird, wenn sie die Strahlen ihres Patienten und die der zur Verfügung stehenden Heilmittel kennen!

Vierter Strahl: Harmonie durch Konflikt

Dieser Strahl wird oft als der Strahl des Künstlers, des Vermittlers und des Dolmetschers bezeichnet. Er verleiht eine angeborene Sensibilität für Farbe, Form und richtige Proportion sowie die Fähigkeit zum künstlerischen Schaffen. Menschen unter dem Einfluß des 4. Strahls haben oft glänzende Begabungen, aber dessen Trägheitsaspekte stehen ihrer Nutzung und Verwirklichung oft im Wege. Dies führt zu Frustration und Unzufriedenheit, und das schöpferische Potential kann aufgrund von Depression und Verzagtheit brachliegen oder sogar verlorengehen. Es besteht eine Tendenz zu Zwiespältigkeit, Schwankungen und Labilität; auch eine starke Neigung zum Zerstreuen von Energien durch Aufsplitterung der Aufmerksamkeit in zu viele Richtungen gleichzeitig ist zu beobachten.

4.-Strahl-Menschen sind oft impulsiv und neigen in Belastungssituationen zu Überreaktionen. Oft sind sie überaktiv und im nächsten Augenblick träge. Der Konflikt ist zwar Merkmal dieses Strahls, doch die Harmonie ist seine wichtigste Aufgabe – der Vermittler mit der Energie des 4. Strahls kann Harmonie in Konfliktsituationen bringen. Wenn ihm das Leben manchmal ein wenig öde erscheint, sorgt der Mensch vom 4. Strahl für einen kleinen Konflikt in seiner Umgebung und kann sich dann wieder lebendig fühlen.

Die Energie des 4. Strahls wird in anderen Quellen auch bezeichnet als:

der Wahrnehmer auf dem Wege
der göttliche Mittler
der Formverbesserer
der Resident im Heiligtum

Besondere Tugenden: Starke Gemütsbewegungen, Mitgefühl, physischer Mut, Großzügigkeit, Hingabe, rasches Verstehen und Auffassen.

Untugenden: Egozentrisch, von Sorgen und Ärger geplagt, ungenau, moralisch nicht gefestigt, voller Leidenschaften, arbeitsscheu und schlapp, extravagant.

Verblendungen: Zerstreuung von Interessen und Energie. Unpraktisch, Verblendung der Imagination, hochtrabende Projekte. Unbestimmtheit und mangelnde Objektivität. Ständiger innerer und äußerer Konflikt, führt zu Meinungsverschiedenheiten und Bitterkeit. Unzufriedenheit aufgrund sensiblen Ansprechens auf Höheres, Besseres und Schöneres.

Zu erwerbende Tugenden: Gelassenheit, Vertrauen, Selbstbeherrschung, ein geläutertes Leben, Selbstlosigkeit, Genauigkeit, mentales und moralisches Gleichgewicht.

Geeignete Heilweisen sind Massage und Magnetismus. Die höhere Ausdrucksform der Vermittlung von Wahrheiten des 4. Strahls sind die tieferen Aspekte freimaurerischer Arbeit. Die niedere Form ist die moderne Stadt- und Bauplanung.

Bailey weist darauf hin, daß dies der Strahl von Kampf und Streit ist. Er führt zur »Geburt von Horus« oder dem Christus im Inneren. Menschen unter dem Einfluß des 4. Strahls kennen die Frustration, die für sie spürbare Vollkommenheit nicht zum Ausdruck bringen zu können. Sie sind oft in einem angespannten Zustand, und die Konversation mit ihnen zeigt alle Möglichkeiten zwischen Brillanz und Stummheit – wenn sie in lange, düstere Phasen des Schweigens fallen. Ihr Suchen und Streben gilt dem Harmonisieren und Verschönern.

Fünfter Strahl: Konkretes Wissen und Wissenschaft

Dies ist der Strahl des niederen Denkens, es hat unsere Bildung beeinflußt und die Wissenschaft hervorgebracht. Es ist der Strahl der Juristen, Naturwissenschaftler, Mathematiker, Physiker und Astronomen. Menschen unter dem Einfluß dieses Strahls analysieren und quantifizieren. Ungenaues, verschwommenes Denken können sie nicht tolerieren; alles muß nach orthodoxen Maßstäben gemessen und bewiesen sein. 5.-Strahl-Menschen machen sich nichts aus subjektiven, spirituellen Wirklichkeiten, die in ihren Begriffen nicht klar zu definieren sind. Wie die Denker vom 3. Strahl sind sie kritisch und neigen zu einer abgrenzenden Haltung. Sie lieben Gedankenakrobatik und trainieren gerne ihr Denk- und Unterscheidungsvermögen.

Die Mediziner des 5. Strahls haben keine Zeit für andere Wege des Heilens übrig, sie können ihrer eingebildeten Überlegenheit nicht genügen. Engstirnige Überzeugungen, intellektueller Stolz, Voreingenommenheit und starker Materialismus, der sich im Einsatz grober und destruktiver Medikamente äußert, gehören zu diesem Strahl. Ich sollte jedoch hinzufügen, daß ihm auch alle die herrlichen Errungenschaften der Wissenschaft zu verdanken sind. Bailey schreibt, daß es der Wissenschaftler – nicht der Theologe oder Mystiker – sein werde, der den Weg in die esoterischen Bereiche vorausgehe. Die neue Physik bestätigt die Wahrheit jener Aussage aus den dreißiger Jahren.

Manche der diesem Strahl gegebenen Namen zeigen eine klare Verbindung mit einigen der oben angeführten Eigenschaften:

der Offenbarer der Wahrheit
der Austeiler des Wissens
das zerteilende Schwert
der Wächter des Tores

Besondere Tugenden: Ausdauer, gesunder Menschenverstand, Gerechtigkeitsgefühl (gnadenlos), höchst genaue, zutreffende Aussagen, Aufrichtigkeit (Rechtschaffenheit), Unabhängigkeit, scharfer Intellekt. Durchdringender Verstand und Fähigkeit zur Umsetzung.

Untugenden: Engherzigkeit, Anmaßung, mangelndes Einfühlungsvermögen, unversöhnliches Naturell, unerbittliche Kritik, Vorurteil, wenig Respekt.

Verblendungen: Ständiges Analysieren und Haarspalterei, Kritiksucht, Überbetonung von Äußerlichkeiten bei Vernachlässigung der

Lebendigkeit, kalte mentale Abschätzung und Verächtlichmachung des Gefühls, intellektueller Stolz, Logik. Beweisbarkeit und Intellektualität gelten als unantastbar.

Zu erwerbende Tugenden: Gefühl für Verehrung, Hingabe, Mitempfinden, Liebe, Weitherzigkeit.

Behandlungsmethoden unter dem Einfluß des 5. Strahls sind Chirurgie und Elektrotherapie sowie die verschiedenen Bereiche der Physiotherapie.

Pünktlichkeit und Ordentlichkeit sind Eigenschaften des 5. Strahls, der das Lehren mit Hilfe von Diagrammen, detaillierten Erklärungen und Tafeln unterstützt. Der höhere Weg, Wahrheit zu lehren, ist die Wissenschaft von der Seele, das heißt die esoterische Psychologie. Der niedere Weg geht über das moderne Bildungssystem.

Der 5. Strahl gibt den Menschen einen starken Wissensdurst und treibt sie zu Entdeckungen an. Sie gelangen voran durch Suchen, Forschen, Probieren, geduldiges Beobachten und Experimentieren. Da sie ihre Gefühle dem wissensdurstigen Streben unterordnen, haben sie keinerlei Zweifel an der Berechtigung von Laborversuchen mit Tieren. Ein Mensch unter dem Einfluß des 2. Strahls hingegen fände solches Experimentieren entsetzlich. Forscher vom 5. Strahl hassen es, eines Irrtums überführt zu werden oder eine mentale Niederlage einzugestehen.

Sechster Strahl: Hingabe

Die Energie dieses Strahls verleiht idealistischen Naturen und nationalistischen Haltungen ihre Kraft. Glaubenskriege und Kreuzzüge leben von dieser Energie, deren Einfluß in der Welt unserer Zeit noch recht deutlich zu spüren ist, jedoch laut Bailey seit dem Jahre 1625 allmählich in den Hintergrund zurücktritt. Heute sind wir Zeugen seines letzten, destruktiven Aufbäumens im Todeskampf. Es ist der Strahl der Heiligen, Mystiker, Märtyrer und Evangelisten. Der 6.-Strahl-Mensch ist voller religiöser Instinkte, und dazu gehören starke persönliche Gefühle und religiöse Impulse. Die Inquisition war eine Manifestation der Energie des 6. Strahls. Jenen, die sie durchführten, schien es ganz in Ordnung, Menschen auf dem Scheiterhaufen zu verbrennen, um deren Seelen zu »retten«. Für den Menschen vom 6. Strahl sind die Dinge entweder perfekt oder unerträglich; er braucht einen persönlichen Gott und ist oft bigott und fanatisch. Blinde Hingabe an Persönlichkeiten – sei es ein politischer Killer oder ein spiritueller Guru – ist ein Ausdruck des 6. Strahls. Der Intellekt wird verurteilt, ignoriert oder verachtet. Die Loyalität zu einer Sache – ob gut oder schlecht – ist sehr stark, und man arbeitet mit Verbissenheit, Eifer und feuriger Begeisterung für das, woran man glaubt. Laut Bailey hat der 6. Strahl mehr als jeder andere der Menschheit sein Siegel aufgedrückt hat. Bailey weist darauf hin, daß er die korrupte und schreckliche Geschichte der Grausamkeit von Menschen gegen Menschen hervorgebracht hat.

Die Energie des 6. Strahls wird in anderen Quellen auch bezeichnet als:

der göttliche Räuber
der Kreuzigende und der Gekreuzigte
der sich dem Leben geweiht hat
der Hasser der Formen
der Krieger auf dem Marsch

Besondere Tugenden: Hingabe, Aufrichtigkeit, Liebe, Zärtlichkeit, Intuition, Treue und Ehrfurcht.

Untugenden: Parteilichkeit, zu starke Abhängigkeit von anderen, egoistische und eifersüchtige Liebe, Selbsttäuschung, Aberglauben, Sektierertum, Zornausbrüche und voreilige Schlußfolgerungen.

Verblendungen: Fanatismus, Engstirnigkeit, Liebe zur Vergangenheit und zu bestehenden Formen, besitzergreifende und übertriebene Hingabe, Abneigung gegen Veränderung, Starrheit und zuviel Gefühlsintensität, Heldenverehrung.

Zu erwerbende Tugenden: Charakterstärke, Reinheit, Opferbereitschaft, Wahrheit, Toleranz, Gelassenheit, Ausgeglichenheit, gesunder Menschenverstand und Flexibilität.

Der Behandler unter dem Einfluß des 6. Strahls arbeitet mit Glauben und Gebet und lehrt durch Inspiration. Der 6. Strahl vermittelt Wahrheit in seiner höheren Ausdrucksform durch Christentum und verschiedene Religionen. Die niedere Ausdrucksform finden wir in Kirchen und religiösen Institutionen. Der hohe Idealismus, der König Artus und die Ritter der Tafelrunde umgab und die Grallegenden mit ihrem Altruismus und den hohen Idealen der Ritterschaft durchdringt, sind laut Michal Eastcott Ausdruck der Energien des 6. Strahls.

Es scheint zwei Typen von Menschen unter dem 6. Strahl zu geben: die Visionäre und militanten Führer einerseits, und die hingebungsvollen Diener andererseits. Die einen können anmaßend und voll heftiger Tatkraft sein, die anderen hingegen sind eher sanft und leicht zu führen.

Siebter Strahl: Zeremonielle Magie oder Ordnung

Dieser Strahl gibt uns die Regeln für Gesetz und Ordnung. Es ist der Strahl der Zeremonienmeister und Ritualisten, der Magier, Initiatoren und Organisatoren von Festzügen. Auch Schamanen, Hohepriester, Haushofmeister arbeiten mit der Energie dieses Strahls. Menschen unter seinem Einfluß sind perfekte Krankenschwestern oder Bildhauer und zum Organisieren geboren.

Dieser Strahl äußert sich durch Organisation und Synthese und hängt direkt mit Zeremonie, Sex, Geld und Regierung zusammen. Die geordneten Aktionen unserer Zeit spiegeln die Energie des 7. Strahls wider. Die alltägliche Routine von Aufstehen, Morgentoilette, Ankleiden, Frühstücken und Arbeitsantritt ist ebenfalls eine Art Ritual. Auch in der therapeutischen Praxis folgen wir Routinen und Prozeduren – zum Beispiel Anamnese, Untersuchung, Befund, Beratung –, einem weiteren Ausdruck des 7. Strahls.

Natürlich ist auch die Radionik eine Behandlungstechnik des 7. Strahls, die sehr eng verwandt ist mit zeremonieller und ritueller weißer Magie sowie der Lebenskraft, die den Menschen durch die Chakren versorgt (am deutlichsten über das Basis-Chakra, das dieser

Strahl regiert). Menschen unter dem Einfluß des 7. Strahls ertragen keinen Verlust äußerer Macht, Demütigung, Unhöflichkeit, Grobheit, Enttäuschung und feindselige Kritik von Personen geringeren Standes. Sie achten sehr auf Einzelheiten und lieben in der Regel Pomp und Zeremoniell. Anmut, Präzision und geordnete Schönheit sind ihre Sache, und in ihrem Wirken und Verhalten trachten sie nach Geschicklichkeit und Würde.

Bailey nennt einige Namen, mit denen dieser Strahl assoziiert wird und weist darauf hin, daß sie seine Aufgabe in der Zukunft anzeigen:

der entschleierte Magier
der Arbeiter im Felde magischer Kunst
der Verwahrer des magischen Wortes
der göttliche Alchemist
die Kraft, die die Richtung zeigt
der Schlüssel zu dem Mysterium
der Eine, der zum Leben emporhebt.

Während der 6. Strahl sich seit dem Jahre 1625 rasch aus der Manifestation zurückzieht, tritt der 7. Strahl seit 1675 immer stärker hervor. Der Lehrer unter dem Einfluß dieses Strahls wirkt durch Dramatisierung und sakrale Sprache. In seinem höheren Ausdruck vermittelt dieser Strahl Wahrheit durch alle Formen weißer Magie, und im niederen Ausdruck durch Spiritismus.

In dem Maße, in dem der Einfluß des 7. Strahls intensiver zu spüren ist, werden wir voraussichtlich auch die Verbreitung der Radionik als Heilkunst beobachten können. Wir stellen bereits fest, wie ein weltweites Interesse am Schamanismus wächst und wie beliebt die Bücher von Carlos Castaneda sind, in denen die Lehren des Yaqui-Zauberers Don Juan wiedergegeben werden. Betrachten Sie nur die Regale in den Buchhandlungen, und Sie finden eine zunehmende Zahl von Werken über Magie und Schamanismus; manche von ihnen sind hervorragend, viele jedoch barer Unsinn. Das Interesse an magischen Dingen wird stark zunehmen, zweifellos auch die Verbreitung von Kursen und Seminaren (»So wird man Stadtschamane« – an einem Wochenende), die wohl den Astralkörper der Teilnehmer stärken, aber gewiß nur wenig dazu beitragen, ihr höheres Bewußtsein für die höchst schöpferischen Möglichkeiten der weißen Magie zu wecken.

Besondere Tugenden: Kaftvolle Stärke, Ausdauer, Mut, Höflichkeit, äußerste Sorgfalt in Einzelheiten, Selbstvertrauen.

Untugenden: Formalismus, Bigotterie, Stolz, Engstirnigkeit, oberflächliches Urteilen, stark eingebildet. Hektik, Kleinlichkeit, Anspruchsdenken, exzessives Organisieren.

Verblendungen: Starres Festhalten an Gesetz und Ordnung, Überbetonung von Organisation und Form, Liebe zu Geheimem und Geheimnisvollem, Mediumismus, der Schein von Ritual und Zeremonie, großes Interesse an Vorzeichen, Aberglauben.

Zu erwerbende Tugenden: Erkennen der Einheit, Großzügigkeit, Toleranz, Demut, Sanftheit und Liebe.

Der Behandler unter dem Einfluß des 7. Strahls führt »herkömmliche« Methoden präzise aus. Das puristische Prinzip »eine Gabe, eine

Arznei« der Homöopathie ist typisch für den 7. Strahl, deshalb hat das Interesse an dieser Heilkunst so stark zugenommen; doch darüber werde ich später noch ausführlicher sprechen.

Dieses Material sollte Ihnen als Quelle zum Nachschlagen dienen können, wenn Sie die Strahlenkonstitution eines Patienten interpretieren. Es zeigt Ihnen die Grundeigenschaften der Strahlen; zu einem tieferen Verständnis gelangen Sie jedoch nur durch eingehende Beschäftigung und Betrachtung dieser Energien. Sie sind wie Symbole, die langsam verinnerlicht, in die Psyche aufgenommen werden müssen, so daß die Wirklichkeit dieser Energien für Sie zur lebendigen Wahrheit werden und auch von praktischem Nutzen sein kann.

Wenn Sie sich mit diesem Material auseinandersetzen wollen, gibt es eine nützliche, ja in der Tat unverzichtbare Übung: Ihre eigene Strahlenkonstitution aufzuzeichnen und die Strahlen aufzulisten, die Ihrer Meinung nach jeden Ihrer Körper beeinflussen. Sie erkennen es am besten, indem Sie Ihre Haltungen und Denkweisen beobachten und Ihre Reaktionen auf alltägliche Situationen notieren und analysieren. Ermitteln Sie Ihre Strahlen nicht mit dem Pendel, sondern erwerben Sie diese Kenntnisse durch Beobachtung und Befolgen der Aufforderung aus Delphi: Mensch, erkenne dich selbst!

4

Radionikanalyse der Strahlen

Die Macht des korrekt wahrgenommenen Eindrucks, die Fähigkeit,
ihn richtig zu deuten und dann den rechten Schluß daraus zu
ziehen, ist das Geheimnis aller Diagnose auf dem Gebiet der Psychologie.

Alice A. Bailey, *Jüngerschaft im neuen Zeitalter II*

Dieses Zitat faßt alles zusammen, was für den Radionikpraktiker
wichtig ist: *korrekt wahrgenommener Eindruck,* die *Fähigkeit, ihn
richtig zu deuten* und dann *den richtigen Schluß daraus zu ziehen.*
Bei der Behandlung eines Organsystems ist das keine allzu schwere
Aufgabe; schwieriger wird es allerdings, wenn es gilt, den Zustand
der Chakren zu bestimmen und zu analysieren und sich bei der
Deutung der Strahlen keinen Illusionen hinzugeben – eine sehr
komplexe Angelegenheit.

Doch an irgendeinem Punkt muß man den Anfang wagen. Man
muß Techniken entwickeln und sie in der Praxis einsetzen, um feststellen zu können, wie sie sich bewähren. Wenn sie ihre Aufgabe
nicht erfüllen, sollten sie abgewandelt oder nötigenfalls verworfen

werden. Dann muß man neue Wege suchen. Dies ist in sehr realem Sinne Pionierarbeit, bei der auch Fehler aufgrund mangelnden Wissens und unzureichenden Verstehens vorkommen. Doch wenn die Motivation des Praktikers rein ist und das rechte Maß beachtet wird, stellt sich der Fortschritt ein.

Vielleicht ist es angebracht, zu erzählen, wie und warum ich in meiner eigenen Radionikpraxis mit der Analyse der Strahlen begann. Im Frühsommer 1981 sann ich nach über die Veränderungen, die auf dem Gebiet der Radionik seit der Veröffentlichung meines ersten Buches, *Der feinstoffliche Mensch* (1972) eingetreten sind. Durch jenes Buch wurden die Chakren und die feinstofflichen Körper in die Radionikpraxis eingeführt; die Praktiker hatten jene damals neuen Dimensionen und Methoden recht offen angenommen. Ich machte mir Gedanken über die Vollständigkeit dieses Weges, und dabei wurde mir immer klarer, daß es noch ein weiteres Stück gab, das dem Muster hinzuzufügen war; es würde die Radionik als Methode vervollkommnen und sie zur einzigen wirklich ganzheitlichen Form der Diagnose und Behandlung machen, die uns heute zur Verfügung steht.

Das fehlende Stück war die Strahlenanalyse – aber wie sollte man sie auswerten? Die Antwort auf diese Frage kam mir in Gestalt einer Bitte um eine Radionikanalyse von einem Freund, der sich mit den Schriften Alice Baileys beschäftigte und auch als Sekretär in der Arkan-Schule arbeitete. Er hatte ein chronisches Problem mit seinem rechten Iliosakralgelenk (Kreuzbein-Darmbeingelenk), und noch nichts hatte ihm nachhaltig Hilfe bringen können. Ich führte eine vollständige Analyse der Organsysteme und Chakren durch und dachte bei mir, einer plötzlichen Eingebung folgend: Ich werde ihn mit mehr Informationen überraschen, als er erwartet. Ich zeichnete das Diagramm auf, das ich inzwischen für diesen Zweck verwende, fuhr mit der Untersuchung fort und bestimmte seine Strahlen durch Radionik. Er reagierte völlig überrascht, fast verblüfft, und äußerte, daß die Strahlenanalyse seiner Meinung nach genau ins Schwarze treffe. Diese Bestätigung von jemandem, der die Werke Baileys bestens kannte und sich selbst schon die Zeit genommen hatte, seine Strahlen festzustellen, ermutigte mich, in dieser Richtung weiterzuforschen.

Seit jener Zeit habe ich Hunderte von Organ-Chakra-Strahl-Befunden erstellt, viele davon für Menschen, die mit solchen Begriffen sehr vertraut waren und schon viel Zeit mit Selbstbeobachtung verbracht hatten, um ihre Strahlen festzustellen; ihre Kommentare zu meinen Ergebnissen waren äußerst positiv. Selbst von Menschen, die nicht mit der Strahlenterminologie vertraut waren, erhielt ich viele Reaktionen, daß meine Analyse und Deutung ihres körperlichen Zustandes, ihrer Charakteristika und der Art ihres Selbstausdrucks oder dessen Verweigerung ganz genau zuträfen. Ein Patient schrieb: »Es ist, als ob Sie mich schon Zeit meines Lebens kennen würden.« Solche Antworten kommen sehr häufig, was aber noch wichtiger ist: Die Patienten erhalten einen Einblick in sich selbst, der ihnen andernfalls vielleicht gar nicht möglich gewesen wäre.

Generell ist diese Art von Informationen für solche Patienten von Nutzen, die bewußt den spirituellen Weg beschreiten, die sich in einer Lebenskrise befinden oder die den Einblick wirklich brauchen, um sich neu zu orientieren, ihre Lebensweise zu ändern und dem Ruf der inneren Stimme zu folgen. Es ist eine Tatsache, daß viele Menschen krank werden, weil sie sich diesem inneren Ruf widersetzen. Der Praktiker, der seinem Patienten wirklich dienen will, muß die Anzeichen dieses Widerstandes erkennen, verstehen und sehr, sehr behutsam und in Andeutungen auf die geeigneten Schritte *hinweisen,* die dem Patienten helfen können, den Widerstand zu lösen. Ich wähle bewußt das Wort *hinweisen,* weil kein Praktiker die Rolle eines Gurus übernehmen sollte – es sei denn, er will in die illusionäre Welt der Verblendung eintauchen.

Bei der Strahlenanalyse gilt es also, von der Gabe der Unterscheidung Gebrauch zu machen. Zudem ist sie nicht für alle Menschen gleichermaßen geeignet. Wenn eine Person an einer Krankheit leidet und hauptsächlich physisch orientiert ist, dürfte sie sich kaum für Chakren oder Strahlen interessieren. Sie will vor allem gesund sein; die esoterischen Aspekte ihrer Krankheit sind für sie ohne Bedeutung, und dies ist entsprechend auch vom Behandler zu respektieren.

Doch nun wollen wir betrachten, wie eine Strahlenanalyse durchgeführt wird. Ich begann mit den sieben Farbenkarten, die Malcolm Rae als Referenz-Gegenstand oder »Muster« für jeden Strahl angefertigt hat, fand sie aber bald unbefriedigend. Ich denke, man kann solche Karten auspendeln, die die Strahlen repräsentieren; um aber eine wirklich brauchbare Reihe von Partialradien zu ermitteln, die jeden Strahl akkurat wiedergeben, müßte man sich schon seit vielen Jahren in das Thema vertieft haben.

In meinem letzten Buch sprach ich ausführlich über die Rolle von Symbolen beim intuitiven Erfassen von Informationen aus dem universalen Geist über die rechte Gehirnhemisphäre, und so befaßte ich mich auch auf meiner Suche nach geeigneten »Mustern« oder »Proben« für die sieben Strahlen mit Symbolen. Die folgenden Symbole stammen aus dem Werk *The 7 Human Temperaments* des eminenten theosophischen Schriftstellers und Lehrers Geoffrey Hodson. Ich fand sie recht brauchbar und bin sicher, daß Sie meine Einschätzung teilen werden. Dann entwickelte ich eine Serie von

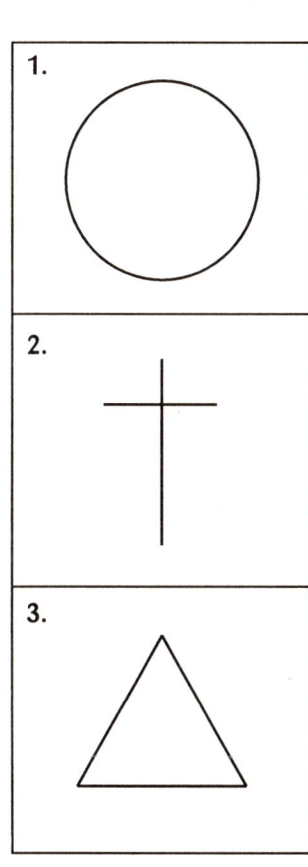

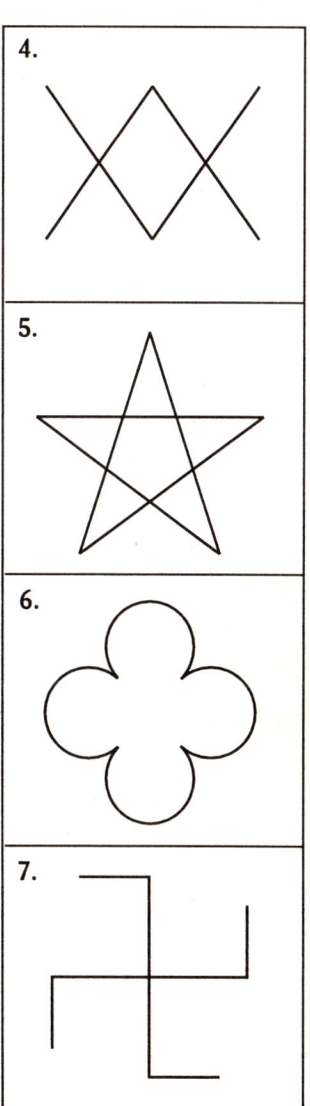

SYMBOLE ZUR DARSTELLUNG DER SIEBEN STRAHLENENERGIEN

flüssigen homöopathischen Filtern, die ebenfalls als »Proben« für die Strahlen dienen. Sie haben sich hervorragend bewährt, weil sie die geeigneten Strahlsubstanzen oder -energien in potenzierter Form enthalten.

Beim Auspendeln der Strahlen eines Patienten muß man unbedingt in einem ruhigen und höchst entspannten Zustand dynamischer Aufmerksamkeit sein und die Konzentration durch nichts ablenken lassen. Um die Strahlen eines Menschen zu ermitteln, können Sie beispielsweise folgendermaßen vorgehen:

1. Legen Sie die ersten beiden Finger Ihrer freien Hand auf das Symbol für den 1. Strahl. Schwingen Sie Ihr Pendel über der Probe des Patienten, und fragen Sie in Gedanken, ob sein transpersonales Selbst vom 1. Strahl beeinflußt wird.
2. Wiederholen Sie diesen Vorgang für den 2. Strahl, 3. Strahl usw., bis Sie eine positive Reaktion bei einem der Strahlsymbole erhalten. Dann tragen Sie die Nummer dieses Strahls in den oberen großen Kreis des Diagramms (S. 34 und 66) ein, der für das transpersonale Selbst (die Seele) steht.
3. Nun wiederholen Sie den Vorgang (beginnend mit dem 1. Strahl) und fragen in Gedanken nach dem Strahl des Mentalkörpers. Haben Sie ihn ermittelt, tragen Sie seine Nummer in den oberen der drei kleineren Kreise ein, die für jeden der subtilen Körper stehen.
4. Dieser Vorgang wird für die beiden anderen subtilen Körper und schließlich auch für den Strahl der Persönlichkeit wiederholt.

Wenn Sie fertig sind, sollte in jedem der Kreise eine Zahl stehen; diese Zahlen bilden die Basis für Ihre Strahlinterpretation. Ich sage einschränkend »Basis«, weil die Analyse selbst noch mehr umfaßt.

Beim nächsten, sehr wichtigen Schritt gilt es zu bestimmen, durch welchen Körper der transpersonale Strahl am stärksten wirkt und durch welchen subtilen Körper der Persönlichkeitsstrahl wirkt. Dies werden auf jeden Falle unterschiedliche Körper sein, und je nach Ergebnis werden bestimmte Fähigkeiten, Charakteristika oder Begrenzungen abgeschwächt oder verstärkt. Es ist wichtig, im Sinne zu behalten, daß die Strahlanalyse Ihnen und dem Patienten eine spirituelle und psychologische Charakterisierung liefert. Denken Sie immer daran, daß der Widerstand des Persönlichkeitsstrahls gegen den Seelenstrahl eine der ergiebigsten Quellen körperlicher und seelischer Krankheit ist. Der Kampf zwischen diesen Strahlenergien geht ständig weiter. Er wird illustriert in der Bhagavad-Gita, die Arjuna, das Symbol des transpersonalen Selbst, den Energien der Persönlichkeit auf dem Schlachtfeld gegenübergestellt zeigt. Der Praktiker findet in der Bhagavad-Gita eine interessante Abhandlung über diesen Prozeß, bei dem die Kräfte der Seele mit den Kräften der Persönlichkeit ringen. In manchen Fällen verraten uns bestimmte Strahlenkombinationen, daß der Patient mitten in einem solchen inneren Kampf steht. Es wird ihm sehr helfen, wenn wir ihm dies in geeigneten Begriffen erklären.

Unser Strahlendiagramm sieht nun etwa so aus, wie auf der folgenden Seite dargestellt.

STRAHLEN

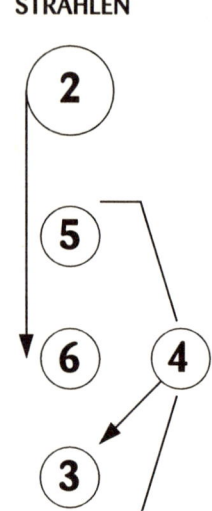

Es veranschaulicht deutlich die Strahlen jeder Komponente des höheren und des niederen Selbst und zeigt gewisse Hauptbahnen, die vom transpersonalen Selbst vor der Inkarnation eingerichtet wurden.

An dieser Stelle ist eine Bemerkung zum Thema Inkarnation und Reinkarnation angebracht. Ungeachtet ihrer mangelnden Erfahrung auf dem Gebiet der Strahlanalyse gibt es bereits Radionik-»Experten«, die behaupten, man müsse sich der Reinkarnationstheorie verschreiben, bevor man die Strahlanalyse in die Praxis übernehmen dürfe. Das ist natürlich nicht der Fall, vielmehr besteht keinerlei Notwendigkeit, an Reinkarnation zu glauben, um diesen Teil der Analyse durchzuführen. Ein Befund der Organsysteme, Chakren und Strahlen kann für einen Menschen, der die »Mit-dem-Tod-ist-alles-vorbei«-Denkweise unterstützt, ebenso nützlich sein wie für die Anhänger des »Heute-hinüber-morgen-zurück«.

Ich persönlich glaube an die Reinkarnation, aber es ist nicht notwendig, sie zum Diskussionsthema zu machen. Ich möchte jedoch hinzufügen, daß man durch Berücksichtigung dieses Aspektes ein viel umfassenderes Bild vermitteln kann. Unsere frühere Inkarnation bestimmt in gewissem Maße die derzeitige Strahlkonfiguration. Wenn wir zum Beispiel in einer früheren Inkarnation die Neigung hatten, uns zu isolieren, und als Einsiedler oder zurückgezogen lebten, wird sich jene Tendenz wahrscheinlich im derzeitigen Leben in einer Betonung der Willensstrahlen – das sind die Strahlen 1, 3, 5, und 7 – widerspiegeln. Wenn wir uns damit weiterhin isolieren, tritt ein höchst pathologischer psychischer Zustand hervor, der so lange anhalten wird, bis wir lernen, daß Isolation nicht der Zweck des Lebens ist.

Eine Untersuchung der Muster und Trends im Leben eines Patienten anhand seiner Strahlen ist ein nützlicher Weg, um Modifizierungen und Veränderungen herbeizuführen. Menschen mit zuviel Energie vom 1. Strahl müssen lernen, den zweiten Nebenstrahl jedes Körpers zu aktivieren, um den Weg in dieser und der nächsten Inkarnation für liebevolle und annehmende Beziehungen zu öffnen. Menschen mit zuviel Energie vom 2. Strahl hingegen, die Energien, Spannungen und Krankheitsmuster von allem und jedem aufnehmen, der in ihre Nähe kommt, müssen lernen, den Willensaspekt zu stärken.

Durch diese Beispiele gewinnen Sie vielleicht einen Eindruck von der tatsächlichen Komplexität, aber auch von den faszinierenden und praktischen Aspekten dieses Themas. Die Strahlen sind die eigentliche Energie des Lebens, eine Art »Bindegewebe«, wie mein Psychologen-

kollege sie passend nannte. Wenn Sie erst einmal anfangen, ihre
Prinzipien zu verstehen, werden Sie deren unschätzbaren Wert für Sie
wie auch für Ihre Patienten erkennen.

Wie Sie sehen, ist es im Grunde recht einfach, die Strahlen eines
Patienten zu bestimmen; doch es setzt ein tieferes Gewahrsein und
mehr Sensibilität voraus, als man zunächst meint. Die Strahlanalyse
muß sich auf gründliches Wissen stützen können, andernfalls ist sie
kein überaus nützliches Verfahren mehr, sondern wird eher zu einer
Gefahr. Jeder kann ein Pendel in die Hand nehmen und für seinen
Patienten eine Reihe von Strahlen ermitteln – doch es bleibt die
Frage: Wie brauchbar sind die Ergebnisse? Meine Antwort lautet: Sie
können nur dann von Nutzen sein, wenn der Praktiker sich gründlich
in das Thema vertieft hatte. Die sieben Strahlen sind nichts, das man
im Vorübergehen ausprobiert oder ins Repertoire übernimmt, um auf
dem laufenden zu sein und einem Trend zu entsprechen. Ich habe
bereits erwähnt, daß es nicht ohne Gefahr ist, mit den in der Radionik
genutzten Energien herumzuspielen, insbesonders wenn die Motive
nicht vollkommen lauter sind. Daraus können nur Schwierigkeiten
erwachsen.

5

Vorspiel zur Strahleninterpretation

Die Jünger des Okkulten müssen zunehmend in Begriffen von Energie denken und arbeiten. Diese Energien besitzen aus esoterischer Sicht »impulsive Wirkungen, magnetische Anziehung und konzentrierte Aktivitäten«.

Alice A. Bailey, *Esoterische Psychologie II*

Während wir uns zwar gelegentlich die Mühe machen, in Begriffen von Energie zu denken und zu arbeiten, ist doch die Verlockung der Form und ihrer Anziehungskraft immer gegenwärtig, um uns abzulenken und eine andere Sicht der Dinge vorzuführen. Wenn wir uns jedoch fortgesetzt bemühen, in Energie-Begriffen zu denken und zu arbeiten, findet in unserem Innern eine Umpolung statt, bis sich das Bewußtsein vor allem auf die subtileren Ebenen konzentriert und letztlich innerhalb des schützenden Mandalas des transpersonalen Selbst. In diesem Zustand wird alles heilerische Bemühen effektiver, und der Praktiker erfreut sich des »Ringes der Sicherheit«, der negative Energieströmungen davon abhält, in seine Aura-Hülle einzudringen.

In Kapitel 3 wurde eine Reihe von Strahlen-Qualitäten genannt, zitiert aus verschiedenen Quellen. Sie bieten zwar eine Grundlage, sind aber nicht genug, um eine umfassende Interpretation zu ermöglichen. In diesem Kapitel will ich mehr Material bringen, um das Vorausgegangene im Sinne einer Synthese zu ergänzen. Die Strahlen und ihre Eigenschaften zu kennen, ist eine Sache; zu wissen, wie sie sich manifestieren und im Menschen zusammenwirken, ist eine ganz andere Angelegenheit.

Die sieben Strahlen werden eingeteilt in die Strahlen der Liebe und die Strahlen des Willens. Die Strahlen 2, 4, und 6 gelten als die Strahlen der Liebe; sie wirken und arbeiten untereinander gut zusammen. Die Strahlen 1, 3, 5, und 7 sind die Strahlen des Willens; auch sie wirken und arbeiten untereinander mit Leichtigkeit zusammen. Mit diesem Wissen können wir erkennen, daß eine Person mit einem Mentalkörper vom 5. Strahl und einem physischen Körper vom 3. Strahl die Fähigkeit besitzt, mit Leichtigkeit Ideen vom Geist ins Gehirn zu übertragen. Ist hingegen der physische Körper vom 2. Strahl, so könnte es einen gewissen Widerstand geben. Das heißt zwar nicht, daß Ideen und Gedanken sich aufgrund des Strahlenunterschiedes nicht manifestieren können, aber es dürfte bedeuten, daß die Kombination vom 5. und 3. Strahl zu schnellem, präzisem Denken und zum raschen Erfassen von Ideen befähigt. Ich sollte hinzufügen, daß sie auch eine gewisse Neigung fördert, andere kritisch zu betrachten. Wenn das Denken vom 5. Strahl jedoch mit einem Gehirn vom 2. Strahl verbunden ist, vermag es nicht ganz so präzise zu arbeiten; zudem wären die Gedankengänge toleranter und bejahender, nicht so kritisch.

Wenn wir jedoch den Begriff des »Widerstandes« zwischen den Qualitäten des 1. und des 2. Strahls mißverstehen und dabei an eine

Art Opposition denken, liegen wir falsch. Tatsächlich hat eine Seele vom 1. Strahl kaum Schwierigkeiten, durch einen Geist vom 2. Strahl zu arbeiten, denn auf der höheren Ebene kooperieren diese beiden Strahlen gut.

Behalten Sie bitte im Sinne: Wenn ich bei einer Strahlanalyse von »viel 1. Strahl« oder »viel 2. Strahl« bei einer Person spreche, meine ich im allgemeinen die Strahlen 1-3-5-7 bzw. 2-4-6.

So wollen wir nun zu eine Reihe von Aussagen über die Strahlen weitergehen, die uns bei der Interpretation helfen werden. Ich will versuchen, sie nach Möglichkeit etwa in der Reihenfolge der Strahlen aufzuführen – ein Wunsch, der zweifellos meiner eigenen starken Beeinflussung durch den 7. Strahl entspringt.

1. Eine Seele oder eine Persönlichkeit vom 1. Strahl hat die Schwierigkeit der »isolierten Unabhängigkeit«: Schwierigkeiten bei der Kooperation und mangelnde Anpassungsfähigkeit. Der 2. Strahl mit seiner annehmenden Toleranz kann helfen, diese Tendenzen zu mildern.

2. Viel 1. Strahl kann emotionelle Labilität bewirken.

3. Eine Seele vom 1. Strahl und Persönlichkeit vom 3. Strahl (wie bei der Institution der katholischen Kirche) erzeugt eine Liebe zu Politik und weltlicher Macht, dazu eine Voreingenommenheit durch kommerzielle und finanzielle Angelegenheiten.

4. Ein Astralkörper vom 1. Strahl kann zu Fanatismus, stolzer Abhängigkeit von selbsterworbenem Wissen sowie Sicherheit der eigenen Meinung führen. Ideen und Urteil werden anderen oktroyiert, und man ist von der Überlegenheit der eigenen Methoden fest überzeugt.

5. Der 1. Strahl kann eine ausgeprägte Gewißheit der eigenen Bestimmung verleihen, ein Gespür für Macht und das Empfinden, Menschen von einem höheren Standpunkt aus zu durchschauen, so daß ihre Fehler und Versagen einem sehr groß erscheinen.

6. (Zwar bereits erwähnt, aber wert, wiederholt zu werden:) Der 1. und der 2. Strahl arbeiten auf den höheren Bewußtseinsebenen gut zusammen.

7. Eine Seele vom 1. Strahl vermag Dinge zu erzwingen und Resultate festzulegen.

8. Eine Seele vom 1. Strahl kann leicht auf ein Gehirn vom 1. Strahl einwirken; sie macht den Menschen intuitiv, aber nicht medial. Sie vermittelt auch gute Organisationskraft.

9. Die Energie einer Seele vom 1. Strahl zu beschwören kann riskant werden, wenn nicht genügend Energie vom 2. Strahl vorhanden ist, um sie zu mildern.

10. Seelen unter dem 1. Strahl sind häufig sehr »selbständig«. Wenn sie nicht daran gewöhnt sind, um ihre Energie weise zu lenken, kann deren Kraft den schwächsten subtilen Körper eines anderen Menschen erschüttern – vor allem, wenn sie durch einen Astralkörper vom 6. Strahl fließt.

11. Eine Seele vom 1. Strahl, die durch einen Geist vom 5. Strahl arbeitet, ein Gehirn vom 7. Strahl und eine Persönlichkeit vom 5. Strahl, macht eine intelligente und hohe Leistung in einem gewählten Beruf möglich, würde aber nicht das freie Spiel der intuitiven Fähigkeiten fördern.

12. Der Geist vom 1. Strahl weist oft den wahren esoterischen Adepten aus.

13. Ein Astralkörper vom 1. Strahl fördert das Empfinden der Isolation in der Trennung. Er nährt auch die Angst vor Anhänglichkeit.

14. Ein Astralkörper vom 1. Strahl für eine Persönlichkeit vom 3. Strahl verstärkt die Macht der Verblendung in derselben.

15. Der 1. Strahl kann ein Empfinden von Egozentrik, Einzigartigkeit und Isolation hervorrufen, besonders wenn sowohl Astralkörper als auch Persönlichkeit von diesem Strahl regiert werden.

16. Ein Mentalkörper vom 1. Strahl kann die Tendenz des 6. Strahls ausgleichen, zuviel Aufmerksamkeit auf Details zu richten.

17. Ein Mentalkörper vom 1. Strahl und ein Astralkörper vom 1. Strahl erschweren die Aufgabe, ein Gleichgewicht herzustellen und aufrechtzuerhalten.

18. Ein Mentalkörper vom 1. Strahl bietet eine gute Möglichkeit zur Kooperation für eine Seele vom 2. Strahl. Diese Kombination vermittelt Stärke und steigert den Willen zum Durchhalten und zum Verstehen.

19. Ein Astralkörper vom 1. Strahl mit einem physischen Körper vom 3. Strahl können eine Dominanz des Willens zur Hingabe auf der physischen Ausdrucksebene hervorbringen.

20. Ein Mentalkörper vom 1. Strahl mit einer Persönlichkeit vom 1. Strahl bewirkt:

a) ein Empfinden von (manchmal unerkannter) Getrenntheit;

b) theoretisch leichte, aber praktisch schwierige Kooperation;

c) eine Tendenz zum Kritisieren;

d) eine starke Tendenz zur Überaktivität;

e) eine Liebe zur Macht und ein Verlangen nach jenem angenehmen Gefühl, das ein Reden hervorruft, das beim anderen Ergebenheit bewirkt und bei einem selbst den Eindruck, überlegen zu sein.

21. Eine Persönlichkeit vom 1. Strahl kann denjenigen Menschen in seinem Denken von Gefährten isolieren.

22. Der Einfluß des Denkens vom 1. Strahl auf einen Astralkörper vom 6. Strahl kann diesen zu dramatischer, übertriebener Aktivität hinreißen.

23. Der 2. Strahl kann bewirken, daß man leidet aufgrund von Anhänglichkeit und einer voreiligen Identifizierung mit anderen und ihren Problemen. Heiler, bitte aufpassen!

24. Der 2. Strahl ist der Strahl der intuitiven Liebe.

25. Eine Persönlichkeit vom 2. Strahl kann die Geduld schenken, viele notwendige Einzelheiten zu beachten und auch angesichts offenkundig mangelnden Erfolges durchzuhalten.

26. Die Betonung des Weisheitsaspektes des 2. Strahls kann Härte in enge Beziehungen bringen.

27. Ein Astralkörper vom 2. Strahl kann nützlich sein bei der Verteilung der Energie der Liebe.

28. Ein Astralkörper vom 2. Strahl vermittelt Ungefährlichkeit und Verständnis.

29. Ein Mentalkörper vom 2. Strahl macht Erleuchtung zum Weg des geringsten Widerstandes.

30. Eine Seele vom 2. Strahl und ein Mentalkörper vom 2. Strahl bewirken einen Mangel an mentaler Präzision und vereiteln klare Entscheidungen fast gänzlich. Diese Aussage illustriert, was ich bereits früher sagte: Zwei ähnliche Strahlen in der Konstitution werden eher zum Problem (Herausforderung, Chance?) als zwei unähnliche.

31. Wenn Seele und Mentalkörper vom 2. Strahl sind, ist die Person möglicherweise zu freundlich, zu nett und zu dankbar, um es mit Worten auszudrücken.

32. Ein Astralkörper vom 2. Strahl kann 1.-Strahl-Tendenzen anderer Körper ausgleichen.

33. Eine enge Beziehung zwischen einem Astralkörper vom 2. Strahl und einem materiellen Körper vom 3. Strahl kann aufgrund ihrer unterschiedlichen Weisen des »Bauens« Schwierigkeiten verursachen.

34. Wenn die Seele und der Mentalkörper vom 2. Strahl sind, ist der Seelenkontakt − das Ansprechen auf Impulse der Seele − erleichtert.

35. Ein Astralkörper vom 2. Strahl erleichtert die Übermittlung von Liebe und Licht zu anderen und vermittelt intuitive Einsicht.

36. Zwei Körper oder Aspekte vom 2. Strahl in Kombination mit zwei Körpern oder Aspekten vom 7. Strahl sind gut für einen auf physischem wie auf psychologischem Gebiet machtvollen Heiler.

37. Der 2. und der 7. Strahl sind die beiden wichtigsten Heilstrahlen.

38. Eine Seele vom 2. Strahl wird über einen Astralkörper vom 2. Strahl die Devotion der Persönlichkeit vom 6. Strahl rapide verwandeln in universelle und kritiklose Liebe. Sie wird eine bedingungslose Offenheit in der Horizontalen und eine gute Ausrichtung in der Vertikalen vermitteln.

39. Ein Astralkörper vom 2. Strahl kann die Leichtigkeit des Fühlens auf der astralen Ebene und das Einfließen intuitiver Energien von der buddhischen Ebene fördern.

40. Ein physischer Körper vom 3. Strahl steigert die Aktivität einer kritischen Persönlichkeit vom 5. Strahl.

41. Ein physischer Körper vom 3. Strahl führt in die Welt von Geschäft und Kommerz.

42. Ein physischer Körper vom 3. Strahl gibt die Fähigkeit, auf der physischen Ebene zu arbeiten und mit Geld umzugehen.

43. Ein physischer Körper vom 3. Strahl neigt zur Überaktivität auf der physischen Ebene, zu raschen Bewegungen und schnellem Sprechen.

44. Mit einem physischen Körper vom 3. Strahl hat man das Leben intelligent im Griff und ist von guter körperlicher Verfassung.

45. Ein physischer Körper vom 3. Strahl verlangt Veränderung, er mag keine Ruhe und Stabilität.

46. Ein physischer Körper vom 3. Strahl erleichtert körperliche Disziplin. Die meisten Sportler sind mit diesem Körper ausgestattet, der oft eine Liebe zu Sport und Wettkampf mitbringt.

47. Der 3. Strahl ist höchstwahrscheinlich der Strahl des übereifrigen Perfektionisten.

48. Eine Mentalkörper vom 4. Strahl kann Erleuchtung bringen durch Konflikt und Entschlossenheit.

49. Ein Mentalkörper vom 4. Strahl bringt Formbarkeit, einen Sinn für Beziehungen und ein rasches Auffassungsvermögen für mentale Wahrheit.

50. Ein Mentalkörper vom 4. Strahl bringt die Kraft zu harmonisieren, zu vereinen und zu begreifen.

51. Der 4. Strahl ist der Strahl des schöpferischen Lebens.

52. Das Denken unter dem Einfluß des 4. Strahls kann der Abwendung von Konflikten dienen und die Kraft zur Harmonisierung zeigen.

53. Ein Mentalkörper vom 4. Strahl schenkt Liebe zur Schönheit sowie einen guten Blick für Schönes, für Bücher und Kunstgegenstände (der Strahl des Antiquitätenhändlers). Der Geist des Konfliktes drängt stets voran zu neuen Siegen.

54. Das Denken unter dem Einfluß des 4. Strahls hilft im Kampf um Weitsicht und Synthese.

55. Eine Persönlichkeit vom 4. Strahl, die durch einen Mentalkörper vom 5. Strahl wirkt, versagt dem Menschen Anziehungskraft und gibt ihm eine vertikal, nicht horizontal ausgerichtete Lebenseinstellung.

56. Eine Persönlichkeit vom 4. Strahl, durch die Seelenenergien des 2. Strahls fließen, verleiht dem Menschen magnetische Anziehungskraft und macht ihn zu einem Brennpunkt für Inspiration und liebevollen Dienst am Nächsten.

57. Ein Mentalkörper vom 4. Strahl intensiviert das mystische Innenleben.

58. Ein Mentalkörper vom 4. Strahl schenkt Liebe zu Künsten und Wissenschaften.

59. Ein Mentalkörper vom 4. Strahl schenkt intelligent angewandtes Verständnis und einen ordentlichen Sinn für Farbe, Proportion und Harmonie. Auf unkorrekt und unharmonisch Empfundenes kann er heftig reagieren.

60. Ein Mentalkörper vom 4. Strahl kann das Prinzip »Harmonie durch Konflikt« zum Lebensmotto eines Menschen machen.

61. Der 5. Strahl ist der Strahl der intelligenten Liebe.

62. Das Denken unter dem Einfluß des 5. Strahls führt zu einer wißbegierigen, fragenden Wesensart.

63. Eine Persönlichkeit unter dem Einfluß des 5. Strahls kann das Individuum beeinflussen, sich selbst und die Umstände zu beobachten, zu diskutieren und zu kritisieren. Sie betont den kritischen Aspekt des Charakters.

64. Ein Denken unter dem Einfluß des 5. Strahls kann ein Interesse an Astrologie fördern und den wachen Drang, nach Wahrheit zu suchen.

65. Mit einer Persönlichkeit vom 5. Strahl und einem Astralkörper vom 6. Strahl fällt es schwer, umfassende Themen zu begreifen.

66. Eine Persönlichkeit vom 5. Strahl kann es schwer machen, Liebe zu zeigen.

67. Ein Mentalkörper vom 5. Strahl verleiht die Fähigkeit, Fakten und Umrisse der esoterischen Wissenschaften zu erfassen.

68. Ein Mentalkörper vom 6. Strahl kann eine enge, eingleisige Haltung fördern.

69. Ein Astralkörper vom 6. Strahl gibt eine zielgerichtete Lebenseinstellung.

70. Ein Astralkörper vom 6. Strahl kann die Kraft zur Opferbereitschaft geben und die Fähigkeit, Gutes aus scheinbar Bösem hervorzubringen.

71. Ein Astralkörper vom 6. Strahl mit einer Persönlichkeit vom 6. Strahl vergrößert emotionale Probleme.

72. Überreizung eines Astralkörpers vom 6. Strahl führt zu gesteigerter Erregbarkeit, Kritiksucht und Fanatismus.

73. Ein gut ausgeglichener Astralkörper vom 6. Strahl kann Liebe zeigen.

74. Ein Astralkörper vom 6. Strahl mit einer Persönlichkeit vom 6. Strahl kann zu Problemen führen, aber auch zu spirituellen Möglichkeiten. Man hüte sich vor der Verblendung.

75. Ein Astralkörper vom 6. Strahl und eine Persönlichkeit vom 6. Strahl können dem Individuum bei der Erfüllung seiner Lebensaufgabe sehr helfen, wenn sie gebraucht werden, um die Energie der Seele zu kanalisieren.

76. Ein Astralkörper vom 6. Strahl kann intensives Streben bewirken und einen dynamischen Willen, vorwärts zu drängen.

77. Eine Persönlichkeit vom 6. Strahl mit einem materiellen Körper vom 7. Strahl erzeugt ein Überinteresse und eine Überbetonung der äußeren Seite des Lebens und der Gruppen. Dies führt zu einer devoten Haltung gegenüber bekannten Formen und letztlich zu Kristallisation und Starrheit.

78. Das Einwirken einer Persönlichkeit vom 6. Strahl auf ein Gehirn unter dem Einfluß des 7. Strahls kann die psychische Ursache von Kopfschmerzen sein.

79. Astralkörper, Persönlichkeit und physischer Körper unter dem Einfluß des 6. Strahls rufen eine Situation hervor, die mit vielen Schwierigkeiten belastet ist, besonders wenn auch die Seele zur gleichen Energiequalität gehört und beispielsweise unter dem Einfluß des 2. Strahls steht. Eine Person mit dieser Kombination würde einerseits um Stabilität ringen, aber zugleich mit einer starken Tendenz zur Starrheit zu kämpfen haben. Ist dieses Muster 6/6/6 »das Zeichen des Tieres«?

80. Ein Astralkörper unter dem Einfluß des 6. Strahls schafft ein gewisses Maß an engstirniger Beeindruckbarkeit.

81. Eine Persönlichkeit vom 6. Strahl mit einem Astralkörper unter dem Einfluß des 1. Strahls kann den Menschen anfällig werden lassen für die schönen, aber trügerischen Gedankenformen erleuchteter Menschen. Er meint, einem Meister der Weisheit persönlich begegnet zu sein, wenn es sich nur um eine Gedankenform handelt.

82. Ein Astralkörper vom 6. Strahl kann ein intensives Festhalten an einem Gedankengang, einer Idee, Gruppe oder Person, einer bestimmten Haltung oder Meinung bedeuten. Für das spirituelle Wachstum kann das eine große Stärke sein oder ein großes Hindernis, je nachdem, wie und wozu es eingesetzt wird.

83. Ein Astralkörper vom 6. Strahl fördert oft eine starke christliche Neigung. Er kann natürlich gleichermaßen auch eine ausgeprägte islamische Neigung fördern.

84. Ein physischer Körper unter dem Einfluß des 7. Strahls vermittelt organisatorische Kraft.

85. Ein physischer Körper vom 7. Strahl bringt das Ziel der Persönlichkeit leichter zum Ausdruck.

86. Ein physischer Körper vom 7. Strahl vermittelt ein Gespür für die Beziehung zwischen Geist und Materie, Seele und Körper.

87. Ein physischer Körper vom 7. Strahl bringt die Fähigkeit zu organisieren und zu herrschen.

88. Eine Persönlichkeit vom 7. Strahl mit einem materiellen Körper desselben 7. Strahls bringt die Kraft, auf physischer Ebene auf viele Weisen zu arbeiten und dabei subjektive Wirklichkeit und äußere Form miteinander zu verbinden.

89. Das Individuum mit einer Persönlichkeit unter dem Einfluß des 7. Strahls in Kombination mit einem physischen Körper sowie einem Denken vom 4. Strahl muß sehr vorsichtig sein, sich vom Zauber der Magie nicht blenden zu lassen.

90. Ein physischer Körper unter dem Einfluß des 7. Strahls kann ein Interesse an Musik, Ritual und Psychoanalyse vermitteln.

91. Der 7. Strahl ist ein wichtiger Heilungsstrahl.

92. Die Verbindung einer Seele vom 7. Strahl mit einer Persönlichkeit vom 6. Strahl führt zu raschen Ergebnissen auf der physischen Ebene.

Wir haben hier also eine Liste von 92 Faktoren, auf die Sie bei der Deutung einer Strahlanalyse zurückgreifen können. Sie werden sehen, daß es Ihnen mit zunehmender Übung immer besser gelingt, ein bemerkenswert umfassendes Bild von der energetischen Konstitution eines jeden Patienten so zu formulieren, daß es für diesen von praktischem Wert im Umgang mit seinen spirituellen, psychologischen und physischen Krisen ist. Vielleicht verstehen Sie nun, daß ich aus gutem Grunde betonte, wie notwendig echtes Wissen über dieses Thema ist, bevor man sich auf die praktische Arbeit stürzt. Selbst die hier genannten Stichpunkte sind nur wenig im Vergleich zum Wissensspektrum des ganzen Gebietes. Doch irgendwo müssen wir anfangen, und solange die Basis gesund ist, wird der Rest sich zur rechten Zeit von selbst ergeben.

6

Räder aus Feuer

Wir müssen unser Denken von dem Irrtum befreien, daß diese Zentren *physische Gegebenheiten* seien. Sie sind Strudel der Kraft, die ätherische, astrale und mentale Materie in eine bestimmte Aktivität wirbeln.

Alice A. Bailey, *Eine Abhandlung über kosmisches Feuer*

Bevor wir auch nur daran denken können, uns weiter mit dem Thema der Strahlenanalyse und ihrer Deutung zu befassen, ist es notwendig, die Chakren zu betrachten, nicht nur in ihrer Beziehung zu den Strahlen, sondern auch unter Berücksichtigung etlicher weiterer Gesichtspunkte.

Die sieben Hauptchakren, die längs des vertikalen Gehirn-Rückenmarks-Kanals aufgereiht sind, entstehen aus Kraftströmen, die vom transpersonalen Selbst ausgehen. Diese Kraft wird zunächst von der Monade zur Seele übertragen, bevor sie durch die niederen Ebenen fließt, um die Chakren und die feinstofflichen Körper zu bilden. Von den sieben Chakren werden drei im engeren Sinne als Hauptchakren bezeichnet, weil sie die drei Aspekte der Monade verkörpern und zum Ausdruck bringen: Willen, Liebe und Intelligenz. Wir haben also:

1. Strahl, Wille/Macht   Monade   Scheitel-Chakra
2. Strahl, Liebe – Weisheit Seele   Herz-Chakra
3. Strahl, Intelligenz   Persönlichkeit Kehl-Chakra

Die anderen vier Strahlen, die Eigenschaftsstrahlen, regieren die übrigen Chakren:

4. Strahl, Harmonie durch Konflikt   Stirn-Chakra
5. Strahl, Wissenschaft/Wissen   Kreuzbein-Chakra
6. Strahl, Idealismus/Devotion   Solarplexus-Chakra
7. Strahl, Ordnung oder zeremonielle Magie Basis-Chakra

Doch was nützt uns solches Wissen in der Praxis? Dies wird klarer, wenn Sie erkennen, daß der beherrschende Strahl eines Chakras die Primärenergie anzeigt, die es belebt. Wenn Sie also einen Patienten mit einem Astralkörper unter dem Einfluß des 6. Strahls und einem überaktiven Solarplexus-Chakra vor sich haben, so können Sie aus dieser Konfiguration auf eine Reihe von Möglichkeiten schließen: z.B. starke Loyalität und recht devote Haltung. Vielleicht spielt die Kirche eine zentrale Rolle im Leben des Betreffenden; wenn nicht, so hat er doch starke religiöse Neigungen und eine natürliche Begabung fürs Gebet. Auf der weniger positiven Seite wird er von mächtigen Emotionen getrieben, kann sehr besitzergreifend, egoistisch und leicht erregbar sein.

Zeigt das Solarplexus-Chakra hingegen mangelnde Aktivität, mag dies ein Hinweis darauf sein, daß der Patient in seinen Haltungen und Denkweisen sehr starr ist, vor Veränderung zögert und voreingenommen und gefangen in Verhaltensmustern ist, die ihm vertraut sind und die er deshalb als Schutz empfindet.

Ich versuche hier zu illustrieren, daß der das Chakra regierende Strahl einfach *ein Faktum in Zeit und Raum* ist – wie die blaue Farbe des Himmels. Was uns bei der Analysearbeit mit den Strahlen und Chakren interessiert, sind *»die Wolken am Himmel«*, das heißt der Zustand des Ungleichgewichts im Chakra, da er die psychologischen und physiologischen Manifestationen im Individuum beeinflussen wird, weil er zuviel oder zu wenig Energie durch das Chakra fließen läßt. Wir müssen gleichwohl bedenken, daß es in unserem Beispiel und in allen Fällen eine Vielzahl weiterer Faktoren gibt, die wir in Betracht zu ziehen haben, bevor wir eine akkurate Interpretation geben können.

Während jeder der sieben Strahlen ein einzelnes Chakra regiert und dessen Primärenergie bildet, wird die gleiche Energie in geringerem Grade auch zu den übrigen Chakren verteilt. Damit wird unser Bild beträchtlich umfassender und komplexer – was uns davor bewahren sollte, dogmatische Aussagen oder zu eng gefaßte Schlußfolgerungen darüber zu wagen, wie die Strahlen und Chakren interagieren oder was sie bewirken.

Bevor ich über die Anatomie eines Chakras spreche und untersuche, wie es unsere Genauigkeit bei der diagnostischen Arbeit beeinflußt, möchte ich auf eine frühere Aussage über das Herabfließen der Energien von der Seele (dem transpersonalen Selbst) und die Bildung der Chakren zurückkommen. In meinen vier vorausgegangenen Büchern über Radionik habe ich Schritt für Schritt die in der Theosophie definierten Ebenen eingeführt. Ursprünglich verwendete ich modifizierte Darstellungen, bis ich in *Dimensions of Radionics* die vollständige Illustration aus Alice Baileys *Abhandlung über kosmi-*

sches Feuer übernahm. Wenn Worte die Wahrheit verschleiern
können und den Uneingeweihten irreführen, dann können Grafiken,
die eine weitere Konkretisierung spiritueller Wahrheiten bedeuten,
sogar noch trügerischer sein. Wenn Sie in der *Abhandlung über
kosmisches Feuer* auf Seite 817[1] die Illustration unter der Überschrift
»Der egoische Lotus und die Zentren« betrachten, sehen Sie, daß sie
den Fluß der Energien aus der Monade darstellt, der durch die spirituelle Triade geht und auf der höheren mentalen Ebene die Seele bildet.
Darunter sehen Sie die Linien der verschiedenen Energien, die die
Chakren auf verschiedenen Ebenen miteinander verbinden. Die
permanenten Atome und die mentale Einheit werden ebenfalls auf
verschiedenen Ebenen dargestellt. Es gibt natürlich keine andere
Möglichkeit, die esoterische Konstitution des Menschen visuell
darzustellen – doch ich sollte diese Behauptung vielleicht modifizieren und sagen, daß ich noch keine andere gefunden habe in all den
Stunden, die ich damit verbrachte, mit dem Inhalt dieser Darstellung
und den Beschreibungen in dem komplexen Text zu jonglieren, der
mit ihnen einhergeht.

Die Grafik zeigt die permanenten Atome auf den mentalen,
astralen und ätherischen Ebenen, während sie in Wirklichkeit alle
innerhalb des Lotus der Seele, an der Basis der inneren Blütenblätter
liegen. Ferner zeigt sie Energielinien, die von einer Ebene zur anderen
und von einem Chakra zum anderen gehen. Das kann sehr irreführend wirken, weil es den Eindruck erweckt, es gebe Chakren auf der
niederen Mentalebene, eine weitere Reihe von Chakren auf der
astralen und schließlich noch eine Serie auf der ätherischen Ebene.

---

[1] Seitenangabe des englischen Originals, in der deutschen Übersetzung als
Randziffer angegeben

Das ist natürlich nicht der Fall. Vielmehr gibt es nur eine Reihe von Chakren, die aus mentaler, astraler und ätherischer Materie zu einem homogenen Ganzen gebildet sind. Die Illustration und die Art, wie sie Energieströmungen zu zeigen scheint, hat offenbar in manchen Bereichen zu dem Mißverständnis geführt, daß diese Strömungen eine Art separater Wirklichkeit bildeten. Wenn Sie die Struktur des Chakras und seine Beziehung zu den feinstofflicheren Ebenen verstehen, erkennen Sie, daß diese Vorstellung zwar aus exoterischer Sicht vielleicht einen gewissen Sinn hat, aus esoterischer Sicht jedoch wenig oder überhaupt keine Grundlage besitzt.

Die Chakren also nach einer Zugehörigkeit zu verschiedenen Ebenen zu behandeln birgt bereits den Keim der Illusion. Es ist eine Tatsache, daß ein auf einer bestimmten Ebene existierender pathologischer Zustand von der darüberliegenden Ebene aus behandelt werden muß. Mit dieser Aussage scheine ich mir nun selbst zu widersprechen, was aber nicht zutrifft, denn wir betreten wieder jenen Bereich des Paradoxen, der es so extrem schwer macht, in Worten zu formulieren, was ich vermitteln möchte. Dies schreibe ich in der Hoffnung, daß es genügen möge, und überlasse es Ihnen, zum Kern des Gesagten vorzudringen. Wenn Sie als Praktiker bei der Behandlung der Chakren diese als ein Ganzes und in Beziehung zum Ganzen sehen, und Ihre Arbeit unter den Gesichtspunkt des *Dreiecks der Herrschaft* (Triangle of Dominion) stellen, dann brauchen Sie sich nicht unnötig in Komplexitäten zu verwickeln, die letzten Endes Ihr Verständnis trüben und Ihre Effektivität beschneiden. Es gilt immer, nach Einfachheit zu streben.

Nun will ich die Struktur eines Chakras im einzelnen behandeln. Warum? Aus vielen Gründen, nicht zuletzt, weil man unmöglich einen genauen Befund vom Zustand eines Chakras erheben kann, ohne seine Struktur genauer zu verstehen. Bei der Chakrenanalyse fragt der Praktiker gewöhnlich mental: Ist das Scheitel-Chakra überaktiv? unteraktiv? normal aktiv? Solche Fragen werden nacheinander gestellt, bis das Schwingen des Pendels eine deutliche Antwort vermittelt. Der Vorgang wird natürlich so oft wiederholt, bis der Zustand jedes einzelnen Chakras ermittelt ist. Die Genauigkeit der Ergebnisse hängt von zwei grundlegenden Faktoren ab, nämlich:

1. Kenntnis aller Aspekte der Chakren und insbesondere ihrer Struktur,
2. der Ebene des eigenen Selbstgewahrseins des Praktikers.

In der Regel gehen diese beiden Faktoren Hand in Hand, und der letztere befähigt den Praktiker, hinter die oberflächlichen Störungen der Chakren vorzudringen. Doch betrachten wir dies nun etwas eingehender. Wenn Sie als Praktiker den Zustand eines Chakras ermitteln wollen und fragen, ob es über-, unter- oder normal aktiv ist, werden Sie nichts anderes aufnehmen als ein oberflächliches Rauschen und die allgemeine Verfassung des Chakras, wie es eben auf einer bestimmten Ebene auf das tägliche Karussell des mentalen, emotionalen und physischen Lebens anspricht. Dann stellen Sie fest, daß Ihre Chakrenanalyse höchstwahrscheinlich bei jedem der sieben Chakren ein Zuviel oder ein Zuwenig an Aktivität anzeigt. In diesem Falle werden Sie Ihre Kenntnisse und Arbeitsweise gewissenhaft überdenken und revidieren müssen. Es gibt zwar Ausnahmen, aber unter den Hunderten und Aberhunderten von Chakra-Analyseformularen, die ich im Laufe der Jahre aufgefüllt habe, fand ich nur sechs, die mehr als drei oder gar vier Hauptchakren zeigten, die nicht innerhalb ihrer Norm arbeiteten; nur drei von diesen zeigen eine Unausgewogenheit in *allen* Chakren.

Von einem dieser Fälle möchte ich hier berichten. Es handelt sich um einen männlichen Patienten, der unter Erschöpfung und einer hartnäckigen Infektion litt. Bei seiner ansonsten detaillierten Vorgeschichte hatte er seine Beschäftigung nicht angegeben. Als ich die Chakren analysierte, stellte ich überrascht fest, daß alle sieben nicht genügend Aktivität aufwiesen. Ich erwähnte dies in meinem Befund und zeigte meine Überraschung über diese Ergebnisse; ich bat den Patienten auch, mir mitzuteilen, welche Art von Tätigkeit er ausübte. Es stellte sich heraus, daß der Mann seit mehr als zwanzig Jahren in einem Kernkraftwerk gearbeitet hatte.

Dies bewerte ich als ein Anzeichen dafür, daß die Arbeiter in solchen Kraftwerken trotz aller Abschirmung und Schutzmaßnahmen einer sehr subtilen Form von Strahlung ausgesetzt sind; und es hatte den Anschein, daß die Chakren *»dichtmachten«,* um der Strahlenwirkung standzuhalten.

Später zeigten sich bei der Analysearbeit für eine Familie in New Mexico ganz ähnliche Abweichungen der Chakraaktivität. Es stellte sich heraus, daß alle untersuchten Personen in der Nähe des Kernkraftwerkes Los Alamos lebten, aus dem tatsächlich Strahlung frei wurde, wenngleich die Behörden sagten, daß das Gebiet mittlerweile strahlungsfrei sei. Die Befunde zeigten deutlich, daß die Chakren immer noch in Mitleidenschaft gezogen waren. In diesem Zusammenhang möchte ich ergänzen, daß auch Röntgentechniker für diese Art des »Chakra-Dichtmachens« anfällig sind, auch wenn ihre Strahlenbelastung unterhalb dessen liegt, was mit herkömmlichen Mitteln aufzuspüren ist.

Die übrigen Fälle, in denen alle Chakren zuwenig oder zuviel Aktivität zeigten, waren folgende: 1. ein Patient, der buchstäblich vor dem Tode stand und bereits zweimal reanimiert worden war; 2. ein Patient, dessen physische und psychische Gesundheit tatsächlich in völliger Auflösung begriffen war. Alle Chakren in einem Zustand der Unausgeglichenheit zu finden, sollte die Ausnahme bleiben, gewiß nicht die Regel sein. Wenn Sie feststellen, daß es für Sie an der Tagesordnung ist, solche Befunde zu erhalten, dürfte es eine Hilfe sein, zu wissen, warum es dazu kommt und wie Ihre fehlerhafte Arbeitsweise zu korrigieren ist.

Vergeben Sie mir diese Abweichung, aber ich hielt es für besser, die Ausnahmen an dieser Stelle anzuführen als zu einem späteren Zeitpunkt, denn sie können illustrieren, was nun folgt. Um die Dinge zu klären und zu verstehen, warum man zu ungenauen Befunden gelangt, müssen wir, wie gesagt, die Struktur des Chakras betrachten.

Chakren wurden schon beschrieben als Kraft- oder Energiewirbel, als untertassenförmige Vertiefungen, als Räder aus Feuer und anderes mehr. Doch die Struktur ist komplexer, als solche Vergleiche andeuten. Wir müssen verstehen, daß sich der dreifache Einfluß der Monade im Chakra widerspiegelt, deshalb besitzt das Chakra effektiv drei Qualitäten, Ebenen oder Lagen von Blütenblättern (Energien), die um den zentralen Bindhu- oder Urpunkt wirbeln. Der Bindhupunkt ist in Ruhe, während die äußere Lage der Blütenblätter sehr aktiv ist, die zweite Lage sich in verschiedenen Stadien der Entfaltung befindet und die innere Lage weniger aktiv ist. Im Prozeß der spirituellen Entwicklung werden die Lagen der Blütenblätter aktiviert. Dabei ist die äußere Lage, die mit der physischen Form und Aktivität verbunden ist, naturgemäß sehr aktiv; die zweite Lage − sie spiegelt die Entfaltung des zweiten Prinzips, des Liebeaspekts, wider − ist ebenfalls in gewissem Maße aktiv, wenn auch weniger als die physische; der Willeaspekt der inneren Lage entfaltete sich schließlich als letzter.

Von den sieben Hauptchakren sind Stirn-, Kehl-, Solarplexus-, Kreuzbein- und Basis-Zentrum am aktivsten; Scheitel- und Herz-Chakra entfalten sich als letzte. Wenn Sie bei der Arbeit richtig konzentriert sind, dürften Ihre Befunde bei diesen beiden Chakren deshalb fast immer »Aktivität im Bereich des Normalen« ergeben. Bei den übrigen kann es auch mehr oder weniger Überaktivität oder Unteraktivität geben.

STRUKTUR DES CHAKRAS

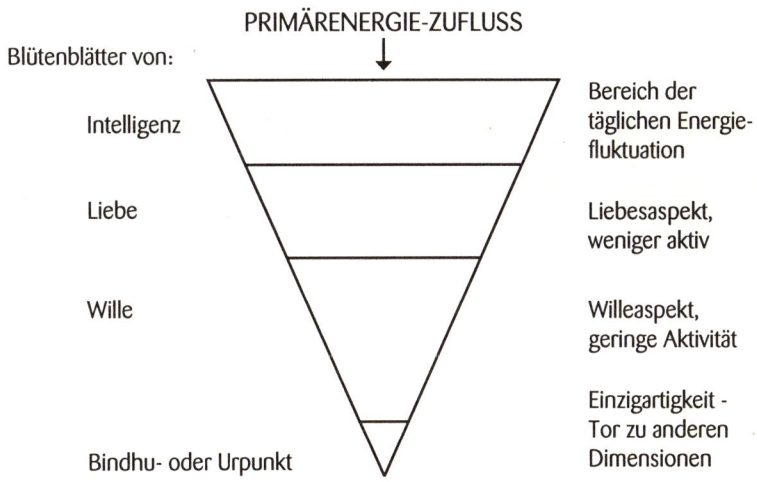

Worauf aber stimmen Sie sich ein, wenn Sie den Zustand eines Chakras bestimmen wollen? Es reicht nicht aus, in Gedanken nach einem Anzeichen für *Über-, Unter-* oder *normale Aktivität* zu fragen;

Ihre Frage muß bewußt die drei Lagen von Blütenblättern oder Energiequalitäten umfassen. Den Bindhupunkt dürfen Sie außer acht lassen, weil Ihr Bewußtsein seine Schwingungsrate ohnehin nicht erfassen könnte. Solange zudem Ihre eigenen Chakren, durch die Sie arbeiten, nicht in höherem Maße selbst im Liebe- und Willensaspekt aktiv sind, werden Sie ohnehin nur die oberflächliche Aktivität des Chakras Ihres Patienten erspüren. Ich hoffe, dies hiermit unmißverständlich klargemacht zu haben: Ihre Fähigkeit und Fertigkeit, zum Chakra eines anderen Menschen vorzudringen und dessen Aktivität zu erspüren, ist abhängig vom Grad der Entfaltung Ihrer eigenen Chakren sowie von Ihrem Wissen über die Struktur der Zentren. Diese mehr oder weniger entwickelte Fähigkeit, das Chakra und seinen Zustand wahrzunehmen, spiegelt sich in den offenkundig widersprüchlichen Farben wider, die verschiedene Schulen und Lehren den Chakren zuschreiben. Die eine Schule beschreibt das Stirn-Chakra vielleicht als grün, eine andere Quelle bezeichnet es als »rot mit Spuren von Gelb«, wieder ein anderer Autor sieht es schwarz – den meisten Chakren werden bis zu acht oder neun verschiedene Farben und Tönungen zugeordnet. Wer hat nun recht? Sie alle haben recht, denn die verschiedenen subtilen Nuancen der Chakra-Energiemuster kann man jeweils durch Konzentration erreichen, und so zeigen sie sich als unterschiedliche Farben, die alle gleichermaßen berechtigt und korrekt sind.

Als Radionikpraktiker haben wir hier zu lernen, daß jeder, der die Zustände der Chakren analysiert, für sich selbst klären muß, ob es wirklich genügt, nur nach dem »Zuviel, Zuwenig, Normal?« der Chakraaktivität zu fragen – oder ob noch mehr zu beachten ist? Natürlich gibt es noch weitaus mehr, und unsere Frage muß der Absicht Raum geben, so weit wie möglich in das Chakra einzudringen, auf daß wir einen sinnvollen Befund erhalten. Wenn Sie sich mit weniger zufrieden geben, nehmen Sie lediglich die Schwankungen der oberflächlichen Aspekte der Chakraaktivität wahr, die Ihnen nichts vermitteln können, was wirklich von Wert ist.

Was kann man tun, um akkurate Werte zu erhalten? Zuerst müssen Sie die Fähigkeit entwickeln, tief in das Chakra hineinzugehen mit der Intention, den *fundamentalen Zustand* des betreffenden Zentrums zu bestimmen. Sie können mit Ihrer gedanklichen Frage auf diese Formulierung zurückgreifen, aber denken Sie daran, daß die beste Frage nutzlos ist, solange Sie nicht imstande sind, die Ebene zu erreichen, von der Sie etwas zu erfahren trachten. Zu viele Praktiker meinen, man brauche dazu nur ein Pendel zu schwingen und eine Antwort auf eine Frage zu erhalten. Ich hoffe, deutlich genug gezeigt zu haben, daß dazu noch weit mehr nötig ist, besonders wenn die Fragen Chakren und feinstofflichen Körpern gelten – und sogar noch mehr, wenn es um die Strahlenergien geht. Vor einigen Jahren erwähnte ich den Gedanken des *fundamentalen Zustandes* eines Chakras gegenüber einem der führenden Lehrer der Radionik; er hatte nicht die geringste Ahnung, worüber ich überhaupt sprach. Dies veranlaßt mich zu der Frage, wie es denn so vielen Praktikern eigentlich möglich ist, bei ihrer Chakra-Analysearbeit faktische Ergebnisse zu erhalten. Lassen Sie mich wiederholen: Wenn Ihre Chakra-Analysebefunde häufig bei der Mehrzahl der untersuchten Chakren eine Aktivität außerhalb des Normalbereichs oder Gleichgewichts aufweisen, dann wird es Zeit, daß Sie Ihr Tun überdenken und Ihren Ansatz revidieren.

Diese Angelegenheit der Energiemenge und des Aktivitätsmaßes der Chakren ist für viele Menschen verwirrend. Ich vermag nicht mehr zu zählen, wie viele Personen mir erzählen oder behaupten, daß sie ein »Kundalini-Erlebnis« gehabt hätten – was auch immer das sein mag. Wenn die Kundalini-Energie, die im Basis-Chakra ruht, mit aller ihrer Macht die Wirbelsäule entlang emporsteigt, aktiviert sie total – das heißt nicht nur die drei Lagen der Blütenblätter, sondern auch den Bindhupunkt – und führt dadurch die vollständige Transformation des niederen Menschen in ein vollendetes Wesen herbei. Was viele Menschen irrigerweise als ein »Kundalini-Erlebnis« bezeichnen, ist nichts weiter als ein Aufsteigen oder Übertragen peripherer Energien von niederen zu höheren Chakren längs der Wirbelsäule, also nichts weiter als ein bloßes Wellenkräuseln im Vergleich zu dem wirklichen Ereignis. Keiner von jenen, die ich kennengelernt habe, konnte als Ausdruck jener Vollkommenheit gelten, die man als Resultat des wahren Erwachens der Kundalini erwarten dürfte – und hätte das Ereignis wirklich stattgefunden, würden diese Personen nie das Bedürfnis spüren, sich darüber auszulassen.

Nachdem wir so zum Thema der Übertragung von Energien gelangt sind, können wir einen Augenblick dabei verweilen, denn die wichtigsten Übertragungen von Energie von den unteren zu den höheren Chakren ist eine Hauptquelle von körperlichen und psychischen Beschwerden. Bailey sagt hierzu:

Das Leben dieser drei Elementale ist hauptsächlich in den drei untersten Chakren im Ätherleib gegründet:

1. Kreuzbein-Chakra – das mentale Elementalleben:
   wird später übertragen ins Kehl-Chakra

2. Solarplexus-Chakra – das astrale Elementalleben:
   wird später übertragen ins Herz-Chakra

3. Basis-Chakra – das physische Elementalleben:
   wird später übertragen ins Scheitel-Chakra

Ich habe dies an verschiedenen Stellen in meinen anderen Büchern zur Radionik behandelt, wenn auch nicht sehr detailliert, weil es ein hochkomplexes Thema ist. Doch es ist auch ein Wissensbereich, dessen Erschließung sich für den Praktiker als überaus nützlich erweisen mag. Wenn nämlich eine wichtige Übertragung stattfindet, kann sie störende Wirkungen nach sich ziehen; einige von ihnen lassen sich durch geeignete Behandlung modifizieren – wenn der Praktiker nur versteht, worum es geht.

Wenn die Kreuzbeinenergie zum Solarplexus emporsteigt, in dem alle Energien der Zentren unterhalb des Zwerchfells verarbeitet werden, kann das zu Störungen im Darmtrakt führen. Wenn die Energien der niederen Zentren zum Solarplexus-Chakra fließen, können Erkrankungen der Gallenblase und der Nieren die Folge sein. Die Übertragung von Energien führt immer zu einer Veränderung des normalen Flusses und Kräftegleichgewichts. Wenn sich vor einer Transformation Energien in einem Chakra sammeln, erzeugen sie entzündliche Zustände.

Bailey macht eine interessante Bemerkung in bezug auf die Energieübertragung; sie schreibt:

Wenn das Herz-Chakra und höhere Zentren die Kontrolle übernehmen, werden Krankheiten wie Krebs, Tuberkulose und die verschiedenen syphilitischen Leiden (infolge der uralten Aktivität des
Kreuzbein-Chakras) allmählich aussterben.

Die Energieübertragung von den niederen Zentren zum Kehl-Chakra wird, wenn nicht richtig genutzt, Krankheiten der Atemwege und der Schilddrüse hervorbringen. Diese Liste ließe sich fortsetzen, aber schon der gesunde Menschenverstand dürfte hier den Schlüssel zur akkuraten Diagnose solcher Zustände liefern – sofern er sich auf ein gründliches Verständnis der Energieübertragung stützen kann. Eine umfassende Darstellung der Einzelheiten dieser Prozesse und ihrer Auswirkungen findet der Leser in Alice Baileys Werk *Esoterische Psychologie II.*

Ich hoffe, daß dieses Kapitel einige Punkte zur richtigen Analyse der Chakren und ihrer Voraussetzungen zu klären vermochte. Ich habe dieses Thema in früheren Büchern nicht berührt, weil ich irrtümlicherweise annahm, daß die Praktiker über diese Fakten umfassend unterrichtet seien. Inzwischen habe ich jedoch festgestellt, daß diese Annahme alles andere als berechtigt war – wovon Analysebögen zeugen, bei denen alle Chakren deutliche Abweichungen zeigten. Der gesunde Menschenverstand sollte einem sagen, daß dieses immer wieder neu auftauchende Muster einen fehlerhaften Zugang zur Chakraanalyse widerspiegelt. Es bleibt zu hoffen, daß diese Bemerkungen dazu dienen mögen, die Angelegenheiten und Tatsachen für jene Praktiker zu klären, die auf eine qualitative Steigerung ihres Dienstes an jenen bedacht sind, die Hilfe bei ihnen suchen.

7

Die Interpretation von Strahlen- und Chakrenanalyse

Studiert sorgfältig das Wesen der Strahlen, die vermutlich das Wesen des Menschen bilden und die Kräfte und Energien liefern, die ihn zu dem machen, was er ist. Ich habe dies mit Bedacht so formuliert.   Alice A. Bailey, *Esoterische Psychologie II*

Ich möchte es wiederholen und Ihre Aufmerksamkeit auf die Worte »vermutlich das Wesen des Menschen bilden« lenken, insbesondere auf das Wort *vermutlich*. Die Bestimmung der Strahlen eines Patienten durch Radionik oder Radiästhesie ist ein subjektiver Vorgang und damit Fehlern unterworfen. Andererseits mag es ein akkuraterer Weg sein als die direkte Beobachtung eines Individuums. Vor allem anderen erfordert die direkte, physische Beobachtung zur Feststellung von Strahlencharakteristika Zeit und persönlichen Kontakt; selbst dann kann es schwierig sein, die Strahleneigenschaften, die man beobachtet oder durch Fragen herausfindet, den verschiedenen Körpern zuzuschreiben. Das Muten seitens eines gut ausgebildeten Praktikers hat offenkundig seine Vorzüge. Es greift auf die übersinnlichen Fähigkeiten zurück, und so ist dann – vorausgesetzt der Praktiker ist imstande, die Strahlen zu erfassen, wie er die Chakren in der Tiefe erfassen können sollte – ein einigermaßen genauer Befund zu erlangen.

Schon in meinem vorigen Buch hob ich die Notwendigkeit hervor, den Patienten darauf hinzuweisen, daß die ihm zugeschriebenen Strahlen nur als Richtlinie gelten sollten, als eine Arbeitshypothese und Ausgangsbasis für weitere Selbstbeobachtung, denn letzten Endes muß das Individuum seine Energiekonstellation selbst ausarbeiten. Deshalb erheben die Befunde, die Angaben über die Strahlenkonstellation eines Menschen machen, nicht den Anspruch auf absolute Aussagen, sondern sind als *vermutlich richtige* Annahmen einzuschätzen.

Ich will versuchen, dies ein wenig klarer auszudrücken. Wir sind dergestalt konditioniert, zu denken, daß schwarz schwarz ist und weiß weiß, daß es uns oft an der gedanklichen Flexibilität fehlt, uns vorzustellen oder für möglich zu halten, daß es auf höheren Bewußtseinsebenen vielleicht anders ist. So stellen wir vielleicht fest, daß bei einer Person der 2. Strahl so stark überwiegt, daß wir uns wundern, wie unter solchen Umständen ein psychisches Gleichgewicht aufrechtzuerhalten ist. Dieses Gleichgewicht kann jedoch auf der Tatsache beruhen, daß die Person in ihrer früheren Inkarnation sehr stark vom 7. Strahl beeinflußt war, der noch in die heutige Inkarnation hereinwirkt und ihr die Kraft zum Ordnen und Ausgleichen gibt, die andernfalls nicht vorhanden wäre. Jetzt fragen sie wohl: Woher soll dieser 7. Strahl hereinwirken? Aus einer früheren Inkarnation? Wo sind der oder die Körper, die den Einfluß des 7. Strahls tragen? Sind sie immer noch da, oder haben sich ihre Atome und Partikel aufgelöst und sind wieder in die Allsubstanz eingegangen? Ich weiß es nicht. Vielleicht ist die Antwort in den Aufzeichnungen in den permanenten

Atomen zu finden, vielleicht ist alle Zeit gleichzeitig, und alle Inkarnationen sind *jetzt* aktiv. Wer weiß?

Wichtig ist nur: Wenn wir dem Patienten ein zusammenhängendes und recht akkurates Bild seiner Energienkonstitution präsentieren können, erfüllen wir unsere Aufgabe.

Alice Bailey schrieb:

> Die Wissenschaft von den Zentren steckt noch in ihren Kinderschuhen wie auch die Wissenschaft von den Strahlen und die Wissenschaft der Astrologie. Aber viel wird in diesen drei Bereichen gelernt und entwickelt, und wenn die derzeitigen Barrieren fallen und auf diesen Gebieten echte wissenschaftliche Forschung in Angriff genommen wird, dann beginnt eine neue Ära für den Menschen. Diese drei Wissenschaften werden im neuen Zeitalter die drei Hauptpfeiler der wissenschaftlichen Psychologie bilden ...

Die Radionik nahm mit ihrem systematischen Ansatz die Zustandsbestimmung der Chakren und feinstofflichen Körper in Angriff; diese Pionierleistung kann keine andere Heilkunst geltend machen. Nun kommen noch die sieben Strahlen hinzu. Wenn die Radionikpraktiker auch diese Dimension erschlossen und ganz verstanden haben, wie die Energieaspekte des Menschen zu analysieren und korrekte Deutungen der Befunde zu erlangen sind, dann − und erst dann − wird die Radionik ihr volles Potential erreichen: nicht mehr und nicht weniger als eine Reflexion der Qualität, die die Behandler selbst aus ihrem Inneren zum Ausdruck bringen.

Die richtige Deutung ist der ganze Schlüssel zu dieser umfassenden Analysetechnik. Wie ich bereits sagte, vermag buchstäblich jeder Informationen zu erpendeln, aber die Deutung ist nur möglich aufgrund des Wissens, das sich auf Erfahrung stützt. Ich möchte an dieser Stelle noch einmal einen Abschnitt aus *Esoterische Psychologie I* zitieren, um den Grund vorzubereiten für die Interpretation und um an alles zu erinnern, worauf es dabei ankommt.

Ein Strahl verleiht durch seine Energie eine charakteristische Körperkonstitution, und er bestimmt die Qualität der astralen Gefühlsnatur; er gibt dem Verstandesapparat seine Prägung; er reguliert die Verteilung von Energie, denn alle Strahlen haben eine andere Schwingungsfrequenz und beherrschen ein bestimmtes Körperzentrum (das für jeden Strahl verschieden ist), durch das die jeweilige Energie verteilt wird. Jeder Strahl wirkt hauptsächlich durch ein bestimmtes Zentrum, und in den restlichen sechs Zentren nur in einer gewissen Art von Reihenfolge. Ein Strahl beeinflußt maßgeblich die Stärken und Schwächen eines Menschen, da er ihm sowohl Grenzen setzt als auch Fähigkeiten vermittelt. Er reguliert die Beziehungen zu anderen Menschentypen, und seinem Einfluß ist es zuzuschreiben, wie ein Mensch auf andere Formen reagiert. Er gibt ihm Eigenart und Eigenschaften, die Grundstimmung für die drei Ebenen der Persönlichkeit und eine charakteristische Körperform. Gewisse geistige Einstellungen sind für den einen Strahlentyp mühelos, für einen anderen schwierig; und deswegen muß die Persönlichkeit in den verschiedenen Inkarnationen von einem Strahl zum anderen hinüberwechseln, bis alle Eigenschaften entfaltet und zum Ausdruck gebracht worden sind. Es ist die Bestimmung gewisser Seelen, durch ihren Strahl auf ihrem Tätigkeitsgebiet eine Weile festgehalten zu werden, so daß ein bestimmtes Arbeitsfeld für mehrere Inkarnationen ziemlich gleichbleibt ... Wenn ein Mensch zwei Drittel seiner Entwicklung hinter sich hat, dann bekommt sein

Seelenstrahl die Oberhand über den Persönlichkeitsstrahl und bestimmt damit die Berufstätigkeit, nicht im sogenannten geistigen Sinne, sondern im Hinblick darauf, daß die Persönlichkeit für besondere berufliche Leistungen fähiger wird.

Dieser Abschnitt illustriert, wie wichtig die Strahlanalyse ist, wenn Sie Ihren Patienten wirklich verstehen und ihm helfen wollen. Er zeigt auch den Zusammenhang zwischen Strahlen und Chakren, und daß eine Zeit kommen wird, in der der Seelenstrahl anfängt, den Persönlichkeitsstrahl zu dominieren. Patienten, die eine Strahlanalyse brauchen, weil sie ihnen hilft, sich selbst zu verstehen, befinden sich gewöhnlich mitten in dem Konflikt zwischen Persönlichkeits- und transpersonalen oder Seelenstrahl. Es kommt darauf an, daß Sie intuitiv erfassen können, an welcher Stelle in ihrer Entwicklung sie stehen, weil Sie Ihre Deutung entsprechend formulieren müssen. Dies ist nicht immer einfach, aber mit zunehmender Praxis und Erfahrung wird sich Ihre Fertigkeit entfalten.

Zunächst gilt es festzustellen, ob beim Patienten die Züge des 1. oder des 2. Strahls dominieren, das heißt ob die meisten Körper und Aspekte unter dem Einfluß der Strahlen 1, 3, 5 und 7 oder dem Einfluß der Strahlen 2, 4 und 6 stehen. Achten Sie immer besonders auf Seelen- und Persönlichkeitsstrahl, und durch welchen Aspekt des niederen Selbst (Mental-, Astral- und Ätherleib) sie wirken; dies ist ein wichtiger Faktor. Ein Mensch, dessen Seele vom 2. Strahl direkt durch einen physischen Körper unter dem Einfluß des 7. Strahls wirkt, vermag das Licht der Seele auf sehr nützliche Weise bis auf die materielle Ebene zu vermitteln, weil der 7. Strahl immer das Höhere mit dem Niederen verbinden und es zum Ausdruck bringen kann. Wenn dagegen der physische Körper unter dem Einfluß des 3. Strahls steht, wäre diese Möglichkeit etwas eingeschränkt, was die allgemeinen Regel erklärt, daß die Strahlen 2-4-6 einerseits und 1-3-5-7 andererseits gut miteinander zusammenarbeiten. Doch auch hier gibt es Ausnahmen, wie ich bereits erwähnt habe: Die Strahlen 1 und 2 arbeiten, wie gesagt, auf den höheren Bewußtseinsebenen sehr gut zusammen; dieselbe Kombination dürfte jedoch auf den niederen astralen und ätherischen Ebenen nicht mit der gleichen Leichtigkeit und Flüssigkeit funktionieren.

Wenn Qualitäten des 1. Strahls zusammenwirken, neigen sie dazu, einander zu verstärken. Wenn jemand zum Beispiel eine Persönlichkeit unter dem Einfluß des 1. Strahls hat, die mit einem Mentalkörper vom 5. Strahl verbunden ist, so können Sie mit einer Intensivierung der Qualitäten beider Strahlen rechnen. Häufig werden die Verblendungen und Untugenden verstärkt und bedürfen des mildernden Einflusses vom 2. Strahl. Eine Persönlichkeit vom 6. Strahl hingegen, die durch einen Astralkörper vom gleichen Strahl wirkt – im Grunde eine Kombination von Qualitäten des 2. Strahls -, führt zu extremer emotioneller Starrheit und Sturheit, sogar zu fanatischem Denken, wenn die Untugenden und Verblendungen in den Vordergrund treten. Erblühen aber die Tugenden, so entfaltet sich das Individuum deutlich zu einer fürsorglichen, loyalen Person. Allgemein gilt, daß Qualitäten des 2. Strahls »erweichen«, während die Eigenschaften des 1. Strahls Denkweisen und Überzeugungen »verfestigen«.

Jeder Strahl hat je nach dem Entwicklungsstand des einzelnen unterschiedliche Wirkungen. In der Regel können Sie davon ausgehen, daß Patienten in einer Lebenskrise – besonders wenn sie bewußt ihren inneren Weg suchen – für diese Art der Analyse gut geeignet und dankbar sind. Ich habe auf diesen Punkt nie besonders geachtet, aber man muß offensichtlich Unterscheidungen treffen. In meiner

Praxis scheine ich eine große Zahl von Patienten anzuziehen, die nach den Erkenntnissen streben, die eine Strahl-Chakra-Analyse ihnen vermitteln kann; solche, die ihrer überhaupt nicht bedürfen, sind in der Minderzahl.

Bevor ich eine Strahl-Chakra-Analyse aus meiner Praxis bespreche, möchte ich noch einmal aus *Esoterische Psychologie II* zitieren, um eine hypothetische Strahlermittlung und -analyse aus dem Text wiederzugeben.

Dieser Mensch hat folgende Strahlenkonfiguration:

> Monade − 2. Strahl
> Seele − 1. Strahl
> Mentalkörper − 5. Strahl
> Astralkörper − 6. Strahl
> Persönlichkeit − 2. Strahl
> physischer Körper − 2. Strahl

Diese Angaben vermitteln dem Eingeweihten folgende Informationen:

Die 2.-Strahl-Qualität seines physischen Körpers verbindet ihn sowohl mit seiner Persönlichkeit als auch mit der Monade. Sie ist deshalb für ihn ein großes Problem, eine große Chance und eine große »verbindende« Energie. Durch diese starke Betonung des 2. Strahls wird das Leben der Persönlichkeit äußerst dominant und attraktiv, zugleich ist der spätere Kontakt zur Monade (noch während des Erdenlebens) erleichtert. Das Seelenbewußtsein wird jedoch problematisch und nicht so leicht zu erreichen sein.

Wie Sie sehen, gehören die Monade (2. Strahl), der Astralkörper (6. Strahl) und der physische Körper (2. Strahl) alle zu der gleichen Kategorie von Aktivität oder göttlicher Energie, was zu einem höchst interessanten psychologischen Problem führt. Die Seele (1. Strahl) und der Mentalkörper (5. Strahl) gehören zu einer ganz anderen Kategorie, und diese Kombination bietet soviel Chancen wie Schwierigkeiten.

In der niederen Ausdrucksform des Menschen, dessen psychologische Konstitution wir betrachten, haben wir es mit einer Person zu tun, die extrem sensibel ist, offen und eigensinnig. Da die Persönlichkeit und der physische Körper unter dem Einfluß des 2. Strahls stehen und somit von der Energie her verwandt sind, können wir eine deutlich ausgeprägte Tendenz feststellen, die Betonung auf *materielles* Umfassen und Aufnehmen und greifbaren Erwerb zu legen, deshalb wird sich diese Person als ein überaus egoistischer und egozentrischer Mensch zeigen. Er ist nicht sonderlich intelligent, da ihn nur sein Mentalkörper (5. Strahl) definitiv und direkt mit dem mentalen Aspekt der Gottheit verbindet, während seine egoische (Seelen-)Kraft, der 1. Strahl, ihm alle Mittel in die Hand gibt, um für sich selbst zu planen und den Willensaspekt einzusetzen, um die materiellen Güter zu erwerben und anzuziehen, die er verlangt oder zu benötigen meint. Seine dominierender 2. Strahl wird jedoch letzten Endes die höheren Werte ins Spiel einbringen.

In der höheren Ausdrucksform desselben Menschen – wenn die Entwicklung ihren Lauf genommen hat –, finden wir einen sensiblen, intuitiven und offenen Jünger, dessen Weisheit erblüht ist und dessen Wesenshüllen in außerordentlichem Grade zum Kanal der göttlichen Liebe geworden sind.

Im weiteren Verlauf heißt es:

> Viele solcher Konstellationen kann man aufzeichnen und studieren,
> und viele solche hypothetischen Fälle bieten sich als Material für
> okkulte Untersuchungen an, zur Bestimmung der Energien und zur
> Beschäftigung mit dem Gesetz der Entsprechungen. Die Schüler
> dürften daran interessiert sein, sich selbst auf diese Weise zu studie-
> ren. Im Lichte der Information, die in dieser *Abhandlung über die
> Sieben Strahlen* weitergegeben wird, können sie ihre eigene Kon-
> stitution bestimmen und untersuchen, welche sie für ihre eigenen
> Strahlen und die sich aus ihnen ergebenden Wirkungen in ihrem
> Leben halten; so gelangen sie zu höchst interessanten Aufzeichnun-
> gen über ihr eigenes Wesen, ihre Qualitäten und Charakteristika.

Aus meinen vielen Strahlenanalysen für Behandler habe ich eine
ausgewählt, um sie in dieses Buch aufzunehmen. Psychotherapeuten
sind geradezu ideale Auftraggeber für diese Art von Gutachten, da sie
besser als die meisten anderen eine bestätigende Rückmeldung über
die Genauigkeit der Befunde und ihre Deutung zu liefern vermögen.
Ein Therapeut schrieb mir zurück und sagte: »Danke für Ihren Brief.
Ich war verblüfft, mich selbst auf eine Art und Weise beschrieben zu
finden, daß ich mich gut wiedererkennen kann!« Ein anderer beschloß, mich in meiner Praxis aufzusuchen, nachdem er einen schriftlichen Befund von mir erhalten hatte. Als er bei dem Besuch mein
Gutachten auf den Schreibtisch zwischen uns legte, sah ich, daß er
eine Bemerkung nach der anderen mit einem Häkchen bestätigt hatte.
Wir sprachen fast eine Stunde lang über die Ergebnisse und klärten
auch einige Punkte ab, die im schriftlichen Befund nicht behandelt
waren.

Ich möchte an dieser Stelle bemerken, daß schriftliche Gutachten kein Ersatz für ein Gespräch sind. Die gemeinsame Arbeit von Gutachter und Klient bringt Informationen an die Oberfläche, die andernfalls nie zum Vorschein gekommen wären; unter diesen Umständen können beide zu weitaus tieferen Erkenntnissen gelangen. Normalerweise nehme ich mir über eine Stunde Zeit, um den Inhalt einer vollständigen Analyse zu besprechen; das ist ein ganz neuer Aspekt der Radionik, der nur darauf wartet, erschlossen zu werden. Eines Tages wird die Beratung anhand einer Radionikanalyse ein fester Bestandteil der Arbeit eines Praktikers sein. Ich weiß, daß es heute in einem begrenzten Maße bereits Wirklichkeit ist. Die Nutzung der Strahlenanalyse eröffnet der Radionik ein Reich gewaltiger Möglichkeiten, und es bleibt zu hoffen, daß die Behandler in nicht allzu ferner Zukunft ein gründliches Verständnis der Strahlen und der Chakren besitzen werden; dann wird dieser Aspekt der Arbeit aufblühen. Die Wachstumskrise, in der die Menschheit sich zur Zeit befindet, spiegelt sich im Leben des Individuums auf persönlicher Ebene wider, und so besteht ein großer Bedarf an Praktikern, die in der Lage sind, ihren Patienten aus der Sicht der energetischen Verhältnisse und Erfordernisse zu helfen, jene Prozesse zu verstehen, die in ihnen ablaufen und mit denen sie umzugehen lernen müssen.

Nun folgt das schriftliche Gutachten über die Organsysteme, Chakren und Strahlen eines meiner Patienten. Es handelt sich um einen Mann Ende Vierzig. Er leidet unter Asthma, was jedoch im allgemeinen kein allzu großes Problem für ihn ist, da es relativ leicht unter Kontrolle zu bringen ist. Er unterrichtet Psychologie am College. Ich werde auf die Abweichungen in den Organsystemen nicht detailliert eingehen, sondern teile nur mit, daß sich die größten Auffälligkeiten im Skelettsystem zeigen (der Patient hat Rückenbeschwerden), im sympathischen Nervensystem, in den Nieren und den Atmungsorganen. Weiter stellte ich hohe Belastungen durch Toxine von Windpocken und Aluminium fest; letztere beeinträchtigen zweifellos die Nieren. Vom Temperament her erschien er mir ruhig – er sprach auch ruhig -, was ein gewisser Vorteil bei der Arbeit in Gruppen ist, die ihm Freude bereitete. Doch nun wollen wir betrachten, was seine Strahl- und Chakraanalyse enthüllte.

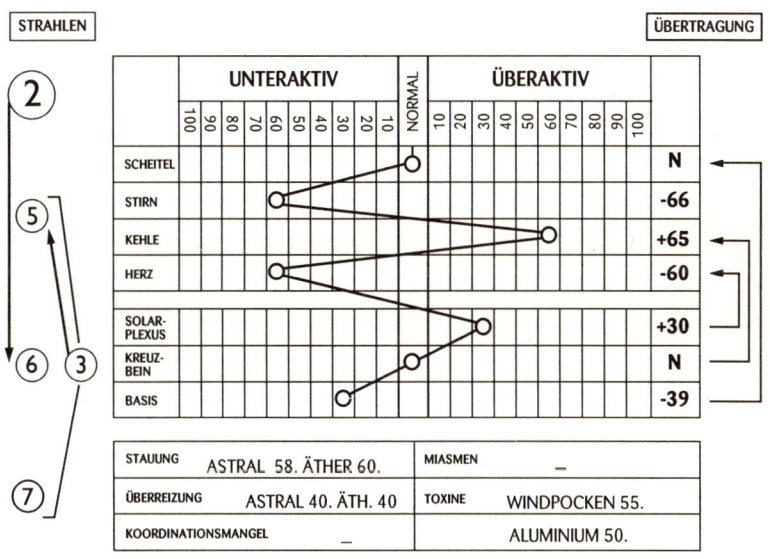

Ich möchte meinen Bemerkungen etwas vorausschicken: Ich bin der festen Überzeugung, daß Menschen, die einen heilenden oder lehrenden Beruf im Bereich des 2. Strahls ergreifen, dies nicht tun, um andere zu belehren und zu heilen, sondern um sich selbst zu lehren und zu heilen. Eine echte und grundlegende innere Erkenntnis dieser Tatsache bewirkt beim einzelnen immer, daß er frei wird von einer Fülle von Illusion und Verblendung, die ihn umgibt und durchdringt. Damit ist eine Verlagerung des Bewußtseinsschwerpunktes auf eine höhere Ebene verbunden, die durch kein noch so großes Maß intellektueller Erkenntnisse der wirklichen Motive für den echten Grund zum Lehren und Heilen zu erreichen ist. Brugh Joy bezeichnet dies als die 180-Grad-Wende. Wir werden sehen, daß die Abweichungen der Chakraaktivität und die individuelle Strahlenkombination zusammenwirken, um den Patienten zu seiner Berufung zu führen. Nach meiner Erfahrung zeigen alle auf dem Gebiet der Psychotherapie Tätigen – ohne Ausnahme – deutliche Unausgeglichenheiten.

Der Befund zeigt eine außergewöhnlich hohe Anzahl von Chakra-Unausgeglichenheiten, was wir jedoch bei Patienten, die im psychologischen Bereich arbeiten, erwarten können. Mein Gutachten lautet folgendermaßen:

Ihr Chakrabild zeigt offenbar eine Reihe von widerstreitenden Energiemustern, und in der Tat sind Ihre Chakrawerte recht ungewöhnlich. Nur zwei der sieben Hauptchakren arbeiten innerhalb des Normalbereichs, die übrigen sind in einem Zustand grundlegender Unausgeglichenheit.

Betrachten wir zunächst das Stirn-Chakra, das Zentrum der integrierten Persönlichkeit. Es regiert die Hypophyse, die Augen, Ohren, Nase, Nebenhöhlen, Zähne und den Hirnstammbereich. Wie

Sie sehen können, weist es einen Mangel an Aktivität auf, das heißt, die von diesem Chakra regierten Körperorgane erhalten nicht genügend Energie; das kann sich auf ihre ganze funktionelle Integrität auswirken. Psychologisch ausgedrückt könnte man sagen, daß Sie dazu neigen, den Deckel auf Ihre Persönlichkeitsenergien zu drücken und sie nicht ganz zum Ausdruck bringen. Kurzum: Sie sind eher intro- als extravertiert.

Nun zu Ihrem Kehl-Chakra. Es regiert Schilddrüse und Nebenschilddrüsen, den Kehlkopf und die Bronchien, die Lungen und den oberen Teil des Verdauungstrakts. Das Kehl-Chakra zeigt eine deutliche Überaktivität, das heißt, durch dieses Zentrum fließt zuviel Energie, die in Belastungssituationen die Lungen und Bronchien direkt beeinträchtigt. Der derzeitige Verlust Ihrer Stimme ist unmittelbar auf die vorliegende Strahlenkombination und den Energieüberschuß in diesem Gebiet zurückzuführen. Auf einer anderen Ebene gibt dieses Chakra den höheren schöpferischen Energien und dem Intellekt Ausdruck. Seine Überaktivität läßt darauf deuten, daß Sie bei Ihrer Arbeit in der Tat sehr viel schöpferische Intelligenz einsetzen, doch ich habe den Verdacht, daß das zu wenig aktive Stirn-Chakra dazu neigt, einiges von Ihrem schöpferischen Selbstausdruck zu vereiteln, den das Kehl-Chakra hervorbringen sollte. Aktivitätsmangel im Stirn-Chakra in Verbindung mit Überaktivität im Kehl-Chakra sagt mir, daß Sie imaginäre Persönlichkeitsmängel zu kompensieren suchen, indem Sie Ihre große intellektuelle und schöpferische Energie durch das Kehl-Chakra treiben; auf diese Weise gleichen Sie aus, was Sie für einen Mangel der Persönlichkeit halten.

Das Kehl-Chakra spiegelt Ihr Verlangen wider, gesehen und anerkannt zu werden, selbst wenn Ihre Persönlichkeit eher zögernd ins Rampenlicht tritt. Ihr überaktives Solarplexus-Chakra – der Sitz des Gefühls- und des Trieblebens – interagiert mit dem Kehl-Chakra, so daß das Verlangen nach Erfolg (Solarplexus) zum Kehl-Chakra aufsteigt und bewirkt, daß viel schöpferische Energie zum Ausdruck gebracht wird. Sie setzen Ihre schöpferische Kraft über Solarplexus- und Kehl-Chakra um (was Ihr sympathisches Nervensystem stört), anstatt über Kehl- und Stirn-Chakra. Ihre asthmatischen Beschwerden hängen unmittelbar mit der Überlastung des Kehl-Chakras durch emotionale Energie vom Solarplexus zusammen.

Es ist ungewöhnlich, ein ausgeglichenes Herz-Chakra zu finden, aber Ihr Herz-Chakra zeigt Aktivitätsmangel, und das ist besonders im Hinblick auf die Tatsache interessant, daß Sie sehr viel in der Gruppe arbeiten. Solche Tätigkeit trägt natürlich zum Ausgleich dieses Chakras bei, das mit Gruppenbewußtsein assoziiert wird (im Gegensatz zum Ichbewußtsein des Solarplexus). Sie können selbst erkennen, welches dominiert und welchen Pfad Sie zu beschreiten haben, um das Herz-Chakra richtig zu öffnen. Sein Aktivitätsmangel könnte Ihre Widerstandskraft gegen Erkältungen und infektiöse Vorgänge schwächen. Ein ungehinderter Energiefluß vom Herzen durch die ganze Aura ist das richtige Mittel, um Infektionen durch Bakterien und Viren in Schranken zu halten. Dieser Energiestrom würde sich natürlich in der Thymusdrüse widerspiegeln, die ihre Aufgabe dann so erfüllt, wie es bei einem ausgeglichenen Herz-Chakra möglich ist.

Ihr Basis-Chakra schließlich – es regiert die Nebennieren, die Wirbelsäule und die Nieren – zeigt ebenfalls einen Aktivitätsmangel. Der schwache Wert bei den Nieren spiegelt die schwache Aktivität dieses Chakras wider, gleiches gilt für die Probleme mit

Ihrer Wirbelsäule. Merkwürdigerweise ist auch dies ein Aspekt Ihrer eher introvertierten Haltung zum Leben.

Ein Vorherrschen von Chakren mit Aktivitätsmangel ist fast immer ein Anzeichen für ausgeprägte Sensibilität, mit der sich unter den Umständen, die die Kindheit beherrschten, nur schwer leben ließ. Zuviel Streß, dominierende Eltern oder zu viele Forderungen können den Menschen dazu bringen, schützende Barrieren aufzubauen, indem er die Chakren »dichtmacht«, um die Wirkung der belastenden Energien möglichst gering zu halten. Das haben Sie kompensiert, indem Sie Ihre Energien durch das Kehl-Chakra schickten und auf intellektuellem und akademischem Gebiet brillierten. Das Basis-Chakra spiegelt den physischen Daseinswillen wider. Sein Aktivitätsmangel deutet darauf hin, daß Sie eher etwas zögern, sich auf das Leben auf der physischen Ebene einzulassen; das mentale, intellektuelle Leben erscheint Ihnen viel interessanter. Aber Sie sollten auf diese Tendenz achtgeben, denn wenn sie außer Kontrolle gerät, wird sie Ihre körperliche Energie erschöpfen und Ihre Verbindung zur physischen Wirklichkeit auf abnorme Weise lockern.

Ihr transpersonales Selbst unter dem Einfluß des 2. Strahls bringt Sie auf den Pfad des Lehrers und Heilers. Während dieser Strahl auch die Intelligenz vermittelt, die Sie mit solcher Leichtigkeit und mit Hilfe ihres Mentalkörper vom 5. Strahl und Ihrer Persönlichkeit vom 3. Strahl handhaben, kann er auch Ängste, Befürchtungen und ein schwaches Selbstbild mit sich bringen, wie Ihr unteraktives Stirn-Chakra zeigt. Der 2. Strahl wird nicht zulassen, daß Sie wirklich zufrieden sind mit Ihrer Arbeit oder dem, was Sie leisten – ganz gleich, wie gut und tüchtig Sie sind. Ihre Arbeit wird zumeist instruktiv sein. Zuweilen erscheinen Sie gegenüber anderen recht kühl oder einfach gleichgültig (Aktivitätsmangel des Herz-Chakras).

Ihr Denken ist vom 5. Strahl beeinflußt, was unter anderem bedeutet, daß Sie von sich selbst und auch von anderen Pünktlichkeit verlangen. Der Strahl vermittelt darüber hinaus einen gesunden Menschenverstand, der bei Ihnen deutlich im Überfluß vorhanden ist. Er schenkt Ihnen Unabhängigkeit und einen scharfen Intellekt. Bei Ihrer Arbeit legen Sie meist Wert auf Genauigkeit. In manchen Fällen kann dieser Strahl einer Haltung Vorschub leisten, für die Empfindungen eher zweitrangig sind; angesichts des Aktivitätsmangels im Herz-Chakra sollten Sie auf diesen Punkt achtgeben.

Ihr Emotionalkörper wird vom 6. Strahl beeinflußt, damit sind Sie mit Intuition begabt und besitzen einen starken Sinn für Loyalität und Zielstrebigkeit. Er bringt auch zu intensive Gefühle mit sich, die verheerend auf Ihr weit offenes Solarplexus-Chakra wirken, das von der Energie des 6. Strahls regiert wird. Dieser Strahl kann eine gewisse Starrheit herbeiführen, wie Ihr Lungenbereich und die Asthmabeschwerden zeigen. Ihr transpersonales Selbst unter dem Einfluß des 2. Strahls arbeitet direkt durch Ihren Astralkörper (6. Strahl), das heißt, Sie haben die Gelegenheit und die Fähigkeit, die Energie der Liebe hindurchfließen zu lassen, die Ihr Herz-Chakra berühren und ins Gleichgewicht bringen wird.

Betrachten Sie jedoch Ihr Strahlendiagramm, dann sehen Sie, wie die beiden Energieströme des 2. Strahls umrahmt werden von den Willensenergieströmen Ihres Denkens (5. Strahl), Ihrer Persönlichkeit (3. Strahl) und Ihres materiellen Körpers (7. Strahl). Letzterer wird Ihnen glücklicherweise ermöglichen, die höheren Energien ins Physische herabzubringen, weil es in der Natur des 7. Strahls liegt, die Energien der inneren, verborgenen Welten mit der physischen Ebene zu verbinden.

Der 7. Strahl, der Ihren materiellen Körper regiert, sollte Ihnen auch helfen, das Basis-Chakra wieder ins Gleichgewicht zu bringen. Er fördert Selbstvertrauen und bewirkt, daß Sie in den Einzelheiten Ihrer Arbeit äußerst behutsam sind. Der 7. Strahl erleichtert Ihre Lehrtätigkeit gewiß und befähigt Sie zu ordentlicher Arbeit, der Ihre Schüler leicht folgen können.

Ihre Persönlichkeit steht unter dem Einfluß des 3. Strahls. Aufgrund der Möglichkeit einer Wechselwirkung mit dem 7. Strahl werden Sie darauf zu achten haben, Einzelheiten nicht zuviel Aufmerksamkeit zu widmen. Der Strahl der aktiven Intelligenz und des Intellekts ist, wie wir festgestellt haben, ein dominanter Zug in Ihrem Leben. Besonders im Hinblick auf das unteraktive Herz-Chakra ist es deshalb notwendig, den Liebeaspekt in Ihrem Wesen zu entfalten, damit sich nicht Härte, Kälte und Isolation einschleichen. Dieser Strahl schenkt Ihnen ein Interesse an abstrakten Themen und die Fähigkeit, sich auf philosophische Gedanken zu konzentrieren. Ihre Persönlichkeit wirkt durch Ihr Denken, Ihren Mentalkörper. Die Verbindung von 3. und 5. Strahl erzeugt eine recht starke Tendenz, anderen und sogar sich selbst gegenüber kritisch zu sein. Die Strahlen 3, 5, 6 und 7 können Verfestigungstendenzen bewirken; und Sie leiden in gewissem Maße unter einer Starrheit des Brustkorbes, mit Spannungen und Enge besonders im Bereich des rechten Schulterblattes. Die rechte Körperseite wird von manchen Schulen mit dem maskulinen Wesensaspekt gleichgesetzt, mit der Willensenergie. Vielleicht ist Ihre muskuläre Spannung ein Symbol für Ihren Widerstand gegen die feminine Seite Ihres Wesens und spiegelt Ihr Bedürfnis nach einem Einfließen des abmildernden

2. Strahles wider mit seinen Aspekten Liebesenergie, Annehmen und Offenheit.

So etwa sieht ein Strahl-Chakra-Gutachten aus; jetzt haben Sie eine Vorstellung, wie die Informationen über Strahlenkonfiguration und Chakratätigkeit verarbeitet werden. Ich lernte diesen Patienten später persönlich kennen, und wir sprachen eine volle Stunde über weitere Einzelheiten. Im Laufe dieses Gesprächs bestätigte er die Genauigkeit meines Berichts. Ich beabsichtigte ursprünglich, mehrere Gutachten wiederzugeben, die für Psychotherapeuten angefertigt wurden, von denen die Genauigkeit meiner skizzenhaft dargestellten Ergebnisse durchweg bestätigt wurden. Doch ich glaube nicht, daß Sie daraus wirklich Nutzen ziehen können. Es ist besser, wenn Sie sich die Daten aus meinen Büchern vornehmen und anfangen, die Prinzipien der Strahl-Chakra-Analyse in Ihrer eigenen Praxis anzuwenden.

Ich möchte dieses Kapitel mit einem Strahlendiagramm beenden, das ich Ihrer Aufmerksamkeit anempfehle. Beschäftigen sie sich damit, und ermitteln Sie die verschiedenen Kombinationen von Charakteristika und Tendenzen, die hervortreten, wenn Seelen- und Persönlichkeitsstrahl durch die verschiedenen Körper wirken.

Diese Strahlenkonstellation entnahm ich dem Band *Jüngerschaft im Neuen Zeitalter II* von Alice Bailey. Die folgende Analyse formulierte der tibetische Meister D.K. für einen Jünger, der sich an einem Gruppenexperiment beteiligte, die Informationen sind also völlig akkurat. Interessierte Leser finden in dem genannten Werk zahlreiche solcher Befunde. Einige der Bemerkungen, die Alice Bailey über den Probanden niederschrieb, zitiere ich im folgenden.

STRAHLEN

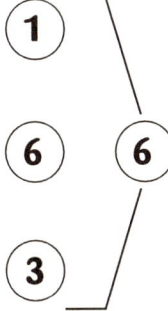

Astralkörper (6. Strahl) führt zu übertriebener Aufmerksamkeit auf Einzelheiten des Prozesses, aber das Denken (1. Strahl) kann dies ausgleichen.

Physischer Körper (3. Strahl) tendiert zu Überaktivität auf der physischen Ebene, zu raschen Bewegungen und schnellem Sprechen.

Spannungen konstant, zu intensiv, zu ernst.

Fähigkeit, mit den Seelenenergien (7. Strahl) Verbindung herzustellen, führt zu »Anhäufung« von Energien in den Chakren und regt die endokrinen Drüsen zur Aktivität an. Grund: keine angemessene Nutzung der Seelenenergien.

Energie geht zum Kehl-Chakra und Solarplexus-Chakra und verursacht zuviel lebhaftes Reden.

8

Die Strahlen und Krankheit

Krankheit ist lediglich eine Form vorübergehender Unvollkommenheit.

Alice A. Bailey, *Esoterisches Heilen*

Krankheit ist ein komplexer und sehr geheimnisvoller Prozeß. Ihre Ursprünge entziehen sich dem Begreifen des Menschen unserer Zeit, und wir können nur spekulieren, daß die tiefsten Wurzeln Äonen weit zurückreichen, vermutlich bis vor das Heraufdämmern der Zeit selbst. Die Schulmedizin beschreibt Krankheit mit Begriffen wie Organsystemen, Zellstrukturen, Bakterien und Virusinfektionen. Dieses materialistische Bild der Krankheit wird im Laufe der nächsten etwa zwei Jahrzehnte rasch an Bedeutung und Gültigkeit verlieren und vermutlich einem Konzept der Krankheit als energetischer Gegebenheit weichen. Esoteriker betrachten Krankheit schon seit vielen Jahren als ein *Zuviel* oder *Zuwenig an Energie,* und das Aufkommen der neuen Physik wird die auch für die heilenden Künste so dringend notwendige Richtungsänderung herbeiführen. In nicht allzu ferner Zeit wird auch die Wissenschaft den Menschen und seine

Körper sowie die Krankheiten, die seine Form stören und zerstören, im Lichte von Energiegegebenheiten sehen.

Krankheit ist die oberflächliche Widerspiegelung von vielen Faktoren und kann aus esoterischer Sicht auf die grundlegende Zentralisierung der Lebensenergie zurückgeführt werden, sei es im Mental- oder Astralkörper, in der Persönlichkeit oder Seele, in den Kopf-Chakren, dem Solarplexus- oder dem Kreuzbein-Chakra. Sie mag bedingt sein durch den Zustand der Chakren, durch Stauung oder Überreizung der Nadis, durch Erdeinflüsse (geopathische Belastungen), innere Spannung, ererbte miasmatische Belastungen und genetische Störungen, durch Reibung zwischen den Strahlen von Seele und Persönlichkeit, mentalen oder emotionalen Fanatismus, durch Mißbrauch sexueller Energien, gehemmtes Seelenleben, einen Mangel an ätherischer Koordination und Integration, Enttäuschung von Idealen, eine Energieverlagerung von einem Chakra zu einem anderen durch die inneren Energiestrukturen. Die Liste ließe sich endlos fortsetzen. In der Radionik suchen wir die Ursachen der Krankheit im Patienten. Was auch immer wir jedoch im Rahmen unserer Analyse als Ursache feststellen, ist meines Erachtens jedoch nicht die absolute und letzte Ursache, sondern nur eine relative.

Aufgrund gewisser Kenntnisse über die Beziehungen zwischen den Chakren und den Strahlen und zwischen den Strahlen und der Krankheit können wir unser Verständnis der Krankheitsvorgänge im Menschen vertiefen und erweitern. Ich nannte bereits die Beziehung zwischen den Chakren und den Strahlen wie folgt:

1. Strahl   Scheitel-Chakra
2. Strahl   Herz-Chakra
3. Strahl   Kehl-Chakra

4. Strahl   Stirn-Chakra
5. Strahl   Kreuzbein-Chakra
6. Strahl   Solarplexus-Chakra
7. Strahl   Basis-Chakra

Ist Ihnen aufgefallen, daß diese Liste vielleicht irreführend ist, wenn wir nicht die Frage stellen, welchen Aspekt der Chakren diese Strahlen regieren? Ist es der mentale? Ich denke nicht, denn hier sind Chakren oberhalb des Zwerchfells angeführt, die als solche auf der mentalen Ebene nicht existieren. Was wir hier sehen, sind die Strahlen, die den ätherischen Aspekt der Chakren regieren. Aber wie steht es mit dem astralen Aspekt? Er ist für uns von großer Wichtigkeit, weil die meisten Krankheiten offenbar auf der astralen oder emotionalen Ebene ihren Ursprung haben. Es ist also notwendig, die Strahlen zu kennen, die den astralen Aspekt der Chakren regieren.

1. Strahl   Scheitel-Chakra
2. Strahl   Herz-Chakra
3. Strahl   Kreuzbein-Chakra
4. Strahl   Basis-Chakra
5. Strahl   Kehl-Chakra
6. Strahl   Solarplexus-Chakra
7. Strahl   Stirn-Chakra

Hier sehen Sie den Unterschied bei Strahl-Chakra-Beziehungen, und es ist wichtig, ihn zu kennen, wenn man eine Deutung abgibt. Doch nun zu der Beziehung zwischen den Strahlen und Krankheiten.

1. Strahl, Scheitel-Chakra: Dieser Strahl trägt die Kraft zu kristallisieren, spröde und hart zu machen, und ist dem Atrophieren des materiellen Körpers verwandt, dem Alterungsprozeß, der den Tod herbeiführt. Es ist der Strahl des Zerstörers, und er wird assoziiert mit der Krankheit, die man unter dem Namen Krebs kennt. Er steht für das Selbstmitleid und den Sinn für Dramatik des Ichs im Rampenlicht der Bühne. Sein guter Aspekt liegt in Opferbereitschaft und der Hingabe des Ichs an höhere Dinge. Gehirntumoren und Nervenentzündungen werden mit diesem Strahl assoziiert. Er kann auch die Augen, besonders das rechte, beeinträchtigen.

2. Strahl, Herz-Chakra: Dieser Strahl hat große Macht zu bauen, zu vitalisieren und Zusammenhalt in die Form zu bringen. Er kann leicht überstimulieren und eine exzessive Form von Vitalität verursachen, die den Blutstrom schädlich beeinflußt. Der Ätherleib kann übermächtig werden für die physische Form; dies führt zu Tumoren, Gewächsen, Zysten, Bindegewebsgeschwulsten, überzähligen Teilen, Herzbeschwerden und eigentümlicherweise Problemen, die den Magen betreffen. Es besteht eine enge energetische Beziehung zwischen Milz-Chakra, Herz-Chakra und Solarplexus. Die Energien, die durch diese Zentren strömen und die Lebenskraft betreffen, bringen besonders dann Tumore hervor, wenn Verlangen und Ehrgeiz durch ein zu wenig aktives Solarplexus-Chakra frustriert oder unterdrückt werden. Zwei negative Aspekte der Energie des 2. Strahls sind bis ins Extrem gesteigerte Eigenliebe sowie Konzentration auf die Persönlichkeit. Auf der positiven Seite stehen Seelenliebe und Gruppenliebe (im Gegensatz zur Persönlichkeitsliebe). Menschen mit einem wenig aktiven Herz-Chakra haben gewöhnlich auf der einen oder anderen

Ebene eine intensive Selbstvoreingenommenheit und einen Mangel an Gruppengeist. Wenn das Herz-Chakra hingegen überaktiv ist, existiert ein Gruppenbewußtsein, und die Energieübertragung vom Solarplexus-Chakra in dieses Zentrum ist möglich. Nach meiner Erfahrung funktioniert das Herz-Chakra meistens innerhalb seines Normalbereichs, Abweichungen sind nur selten.

3. Strahl, Kreuzbein-Chakra: Der 3. Strahl ist die Energie der Substanz; sie wird assoziiert mit der astralen Manipulation von Menschen, Situationen und Energien zur materiellen oder sexuellen Befriedigung. Die Energie des 3. Strahls erzeugt Darm- und Magenstörungen, Magenbeschwerden, geringe Vitalität, gewisse Gehirnstörungen und Geschlechtskrankheiten. Syphilis, Gonorrhö und die sich derzeit ausbreitende Krankheit Aids unterstehen ebenfalls der Energie dieses Strahls. Sein negativer Aspekt ist Übersexualisierung und Hyperaktivität, eine Krankheit, die zur Zeit vor allem bei Kindern auffällt, besonders in den Vereinigten Staaten, der Heimat von Aids. Es mag ein Zufall sein, aber die Stadt New York, in der Aids seinen Ausgang genommen hat, wird vom 3. Strahl regiert – was zumindest in bezug auf die Energien logisch erscheint. Der Persönlichkeitsstrahl Amerikas ist der 6. Strahl (Idealismus); er steht in Verbindung mit dem Solarplexus-Chakra und der Begierde. Der Seelenstrahl ist der 2. (Liebe – Weisheit), eine Energie, die definitiv mit den krebsähnlichen Krankheiten wie Aids in Verbindung steht. Diese Krankheit, die die Spezialisten in aller Welt vor ein Rätsel stellt, wäre hinsichtlich der energetischen Zusammenhänge wohl ein interessantes Thema; vielleicht werde ich in diesem Buch noch darauf eingehen.

4. Strahl, Basis-Chakra: Der 4. Strahl zerstreut Energie. Für den Menschen bedeutet dies eine Schwächung der Widerstandskraft dergestalt, daß sich alle möglichen Krankheiten manifestieren können. Dieser Strahl kann Debilität herbeiführen und rasche, mangelhafte Reaktionen auf Krankheiten bewirken, die auf unserem Planeten verwurzelt sind – das heißt: Miasmen, die durch eine Intensivierung des Energieflusses im Organismus aktiviert werden können. Auch Stürze und emotionale Schocks können Miasmen von der feinstofflichen auf die körperliche Ebene verlagern, aber es ist wichtiger, die energetische Dynamik dieses Prozesses zu verstehen. Unter dem Einfluß des 4. Strahls finden wir eine große Empfänglichkeit für ansteckende Krankheiten und Infektionen; er steht hinter allen Epidemien, und die Grippe ist eine seiner wichtigsten Ausdrucksformen. Auch Wahnsinn in seinen verschiedenen Formen ist mit diesem Strahl verbunden. Sein negativer Aspekt ist Dogmatismus und Egoismus, sein höherer Ausdruck die Mystik.

5. Strahl, Herz-Chakra: Diese Energie zeigt sich hauptsächlich auf der mentalen Ebene, und so assoziiert man sie mit vielen psychologischen Problemen und mentalen Beschwerden. Wie Bailey aufzeigt, ist *Spaltung* das herausragende Charakteristikum dieser Energie. Diese Spaltung kann auf der persönlichen Ebene sein, etwa zwischen Mental-, Astral- und Ätherleib, oder zwischen dem Individuum und seiner Gruppe, wenn der einzelne sich antisozial verhält. Schwachsinn ist eine Spaltungskrankheit, dies gilt ebenso für zahlreiche psychologische Probleme. Wahnsinn, Gehirnverletzungen, bestimmte Formen der Krebskrankheit und Stoffwechselstörungen sind Ausdruck des 5. Strahls. Migräne kann als Resultat einer Spaltung oder mangelnder Beziehung zwischen den Energiefeldern von Hypophyse und Epiphyse entstehen – mit anderen Worten: Persönlichkeit (Stirn-Chakra) und Seele oder Geist (Scheitel-Chakra) sind nicht richtig verbunden. Viele Migränepatienten haben ein überaktives Stirn-Chakra, und das Zuviel an Energie durch dieses Zentrum verursacht eine Reizung der Hypophyse. Diese schwillt in der Sella turcica (Türkensattel) an, und es kommt zu Migränekopfschmerzen. Vor einigen Jahren entwarf ich zur Behandlung dieser Störung eine Rae-Karte, die ich »P-P Field Harmoniser« nannte. In manchen Fällen wirkt diese Technik offenbar, sie sollte aber in Verbindung mit anderen Ausgleichsmethoden eingesetzt werden. Zu den negativen Aspekten des 5. Strahls gehört niederer Mediumismus, seine guten Aspekte auf der höheren Ebene sind Kreativität, Sensibilität und Inspiration. Vergessen Sie nicht, daß sich alle diese Informationen auf die Astralebene und -substanz beziehen, die sich in der ätherischen und schließlich physischen Ebene widerspiegeln.

6. Strahl, Solarplexus-Chakra: Diese Energie steht in unmittelbarem Zusammenhang mit vielen Krankheiten im sexuellen Bereich. Bailey nennt: Schwäche, Begierde, Verwirrung, Perversionen und die einseitige Entwicklung der sexuellen Orientierung. Grausamkeit, Wollust, sadistisches Vergnügen und Geschlechtskrankheiten kommen von der Energie des 6. Strahls, wenn man pervertierten Gebrauch von ihr macht. Sie bewirkt auch Magenbeschwerden, Erkrankungen der Leber und des Nervensystems. Ein überaktives Solarplexus-Chakra macht das sympathische Nervensystem überempfindlich, dadurch wird die Sensibilität der Haut gesteigert. Die Ordnung wird gestört und die Aura »offen« für das Eindringen von Infektion und einem ganzen Spektrum negativer und pathologischer Energien. »Emotionalismus« ist der schlechte Aspekt der Energie dieses Strahls; das Streben nach Höherem und rechte Orientierung sind seine positiven Qualitäten. Starre Haltungen unter dem Einfluß des 6. Strahls können zu arthritischen und ähnlichen Beschwerden der Gelenke führen.

7. Strahl, Herz-Chakra: Diese Energie, die jetzt mächtig zur Manifestation drängt, bringt *Leben* und *Materie* auf der physischen Ebene zusammen. Sie steht definitiv in Verbindung mit Infektionen, ansteckenden Krankheiten und Promiskuität; sie bietet den Nährboden für das Wachsen von Bakterien und Viren auf den niederen Ebenen von Bewußtsein und Form. Herzkrankheiten, einige Tumoren und auch Wirbelsäulenbeschwerden hängen ebenfalls mit dem 7. Strahl zusammen. Die schlechten Aspekte dieses Strahls sind Eigeninteresse, reiner Egoismus und schwarze Magie; die guten Aspekte finden wir in weißer Magie und der Handhabung von Kräften und Energien zur Heilung des Menschen und des Planeten.

In *Esoterisches Heilen* stehen die folgenden Aussagen:

1. Die syphilitischen Krankheiten sind zurückzuführen auf den Mißbrauch der Energie des 3. Strahls, also der schöpferischen, intelligenten Energie der Substanz.

2. Tuberkulose entsteht durch Mißbrauch der Energie des 2. Strahls.

3. Krebs ist eine geheimnisvolle und subtile Reaktion auf den Lebenswillen, einen Aspekt der Energie des 1. Strahls. Er äußert sich deshalb in Überaktivität und Wachstum der Körperzellen, deren Lebenswillen für den Gesamtorganismus, in dem sie sich ausbreiten, destruktiv wird.

Syphilis hängt zusammen mit Kreuzbein-Chakra, Ätherleib und der Energie des 3. Strahls.

Tuberkulose hängt zusammen mit Kehl-Chakra, Mentalkörper und der Energie des 2. Strahls.

Krebs hängt zusammen mit Solarplexus-Chakra, Astralkörper und der Energie des 1. Strahls.

Ich weiß, daß die in diesem Buch skizzierten Gedanken auf den ersten Blick vielleicht komplex anmuten, etwa wie algebraische oder mathematische Formeln. Aber wenn Sie die Sprache der Strahlen lernen und sich mit deren Qualitäten vertraut machen, wird die Zeit kommen, da Ihr Verständnis hinausgeht über das reine Auswendiglernen der Wörter, die wir mit diesen Energien assoziieren. Praktiziert man die Radionik ohne ein fundiertes Wissen und Verständnis der Strahlen und Chakren, ist sie nur eine schlechte Karikatur einer heilenden Kunst. Ihr Potential muß auf diese Bereiche ausgedehnt werden, wenn sie nicht unter der Wirkung der Energien des 6. Strahls erstarren soll, die bereits ihre Praktiker beeinflussen. Ein weiterer Auszug aus *Esoterisches Heilen* wird dazu dienen, die Wichtigkeit solchen Wissens zu unterstreichen.

Dies sind abstruse und schwierige Begriffe, aber sie sollten überdacht werden; die tiefe Reflexion wird zum Verständnis führen. Alle Krankheit ist Resultat der Aktivität oder Inaktivität des einen oder anderen der sieben Energietypen, die auf den menschlichen Körper einwirken. Alle körperlichen Erkrankungen erwachsen aus dem Einfluß dieser unvollkommenen Energien, die auf die Zentren im Körper einwirken, in sie eindringen oder sie durchströmen. Alles hängt vom Zustand der sieben Zentren im menschlichen Körper ab;

durch sie fließen und wirken die unpersönlichen Energien, sie bringen Leben, Krankheit oder Tod, regen die Unvollkommenheiten des Körpers an oder bringen ihm Heilung. Alles, was den Menschen betrifft, hängt vom Zustand des physischen Körpers ab, vom Alter der Seele und von den karmischen Möglichkeiten.

Es heißt, daß es drei Urkrankheiten gibt, aus denen alle anderen hervorgehen. Interessanterweise werden sie alle den Aspektstrahlen zugeordnet: 1. Strahl: Krebs, 2. Strahl: Tuberkulose und 3. Strahl: Syphilis. Alle aufmerksamen Praktiker achten auf die Miasmen, und ich denke, es dürfte sich lohnen, sie an dieser Stelle einmal in allgemeinen Begriffen zu besprechen.

Was ist ein Miasma? Das ist mit Worten nur schwer zu definieren. Dies könnte meines Erachtens daran liegen, daß das Miasma seinem Wesen nach sehr subtil und abstrakt ist, das heißt, es entzieht sich der realistischen Fixierung durch Worte.

Miasmen sind definiert worden als Energiemuster der Krankheit, als Muster von Krankheitsdispositionen, als Krankheitssamen – aber wie auch immer wir sie nennen, der Kern ihres Wesens wird damit nicht erfaßt. Fürs erste müssen wir uns vielleicht mit dem Begriff »Energiemuster der Krankheit« bescheiden, doch Miasmen sind noch weit mehr. Esoterisch gesehen, bilden sie die Unvollkommenheit der planetaren Substanz (mental, astral und ätherisch), von der wir das Material zum Bau unserer Körperhüllen beziehen. Wir ziehen – je nach der Programmierung der Substanz durch die permanenten Atome – Materie an, die die Samen der drei Hauptkrankheiten enthalten kann. Die Stärke dieser krankhaften Energiesubstanz hängt von vielen Faktoren ab. Hier soll es genügen, wenn wir sagen: Wir wählen sie und ziehen sie an, deshalb sind wir dafür und für ihre

Äußerung in Form schlechter Gesundheit verantwortlich. Wenn Sie eine Kombination dieser drei Makel – Tuberkulose, Syphilis und Krebs – in der Substanz Ihres Mental-, Astral- und Ätherkörpers haben, kann sie latent bleiben, solange Sie ein ausgeglichenes Leben führen. Doch die Makel oder Miasmen können, wie bereits erwähnt, auch durch physischen und emotionalen Schock aktiviert werden, durch das Einströmen einer bestimmten Strahlenenergie (zum Beispiel von der Seele) oder durch den Alterungsprozeß. Das Resultat ist natürlich Krankheit, möglicherweise der Tod, welcher letzten Endes ein Transformationsprozeß ist.

Was mich schon immer interessiert hat, ist die Frage: Wo halten sich diese belasteten Energiemuster auf? Ich habe von Behandlern gehört, die bei ihrer Radionikanalyse zum Beispiel Syphilismiasmen auf der buddhischen und höheren Ebenen ermitteln. Das ist natürlich barer Unsinn und offenkundig völlig undenkbar, wenn man auch nur elementarste Kenntnisse über diese höheren Bewußtseinsebenen besitzt. Manche sagen, die Miasmen flössen von jenen hehren Höhen herab, durch die Seele und die Persönlichkeit herunter und in den Ätherleib der Erde. In den Ätherleib der Erde? Damit sie dort jemand aufnimmt, wenn er gerade inkarniert? Das hoffe ich doch nicht. Der gesunde Menschenverstand sagt uns, daß die miasmatischen Muster einer geringeren Energieordnung angehören. Folglich ist es logisch, daß wir sie in die abgeschwächte Substanz der niederen Ebenen des Ätherleibes, des Astralkörpers und möglicherweise auch des Mentalkörpers eingebettet finden. Sie bestehen hauptsächlich aus Energie des 1., 2. und 3. Strahls; diese Energien stehen auch mit den genannten Körperhüllen in Verbindung. Die Behandlung der Miasmen muß auf Transformation und Transmutation der belasteten Substanz abzielen, damit das destruktive Muster entwirrt und angehoben werden kann – und nicht zur Erde zurückkehrt, wo es ein anderer aufnehmen kann. Aus esoterischer Sicht ist der Mensch auf diesem Planeten, um den belasteten »Boden« auf allen Ebenen der drei Welten zu transformieren und zu verwandeln. Miasmen in die Erde zurückzuleiten scheint mit dieser spirituellen Aufgabe kaum vereinbar.

Die Umwandlung von Energie in Materie und von Materie in Energie auf ätherischer und grobstofflicher Ebene bietet uns einen Schlüssel zum Umgang mit den Miasmen. Die atomaren Elemente müssen in dem Prozeß der Transformation von Energie in Materie und von Materie in Energie eine wichtige Rolle spielen, und so liegt einer der Schlüssel in ihrer Aufgabe. Dazu möchten wir Pflanzen- und Edelsteinheilmittel je nach Strahlenzugehörigkeit ergänzen, nicht zuletzt auch Farbe. Es ist nicht meine Aufgabe, alle diese Gebiete detailliert zu behandeln, deshalb begnüge ich mich mit diesen Hinweisen.

Wenn wir bei einem Patienten ein Miasma vorfinden, gebietet unser erster Impuls, die Behandlung im Sinne einer Beseitigung des Krankheitsmusters aus dem Organismus durchzuführen. Aber ist das immer der richtige Weg? Das glaube ich nicht, und zwar aus einer Reihe von Gründen. Zum einen kann die Aktivierung eines Miasmas jegliche Art von Energieströmungen anregen, die vielleicht auf den niederen mentalen, astralen und ätherischen Ebenen gestaut waren. Aufgrund ihrer Wesensart und Örtlichkeit können diese Energien zu krankhaften Folgeerscheinungen führen, das heißt dem Patienten möglicherweise eine schlimmere Reihe von Symptomen bescheren, die er dann bewältigen muß. Sowohl in physischer als auch in psychologischer Hinsicht könnte die Störung schwieriger werden, insbesondere dann, wenn die Patienten sensibel sind oder schon in die Jahre kommen.

In vielen Fällen aber ist es zulässig, Miasmen zu klären, und in den folgenden Kapiteln werden wir Möglichkeiten und Wege dazu besprechen, wie zum Beispiel die Strahlenenergien von Blüten- und Edelsteinheilmitteln. Ich gedenke jedoch nicht, unumstößliche Regeln niederzulegen – mit denen ich gewiß den Herzenswunsch so manchen Praktikers erfüllen würde.

Dieses Kapitel wird hoffentlich die Tatsache unterstreichen, daß das Wesen der Krankheit eine energetische Gegebenheit ist. Wenn wir diese Tatsache erst richtig verstanden haben, werden wir sehr tief in die Welt der Ursachen vorgedrungen sein – was zur Steigerung unserer Leistung als Praktiker beitragen dürfte.

An diesem Punkt möchte ich zu dem Thema Geschlechtskrankheiten zurückkehren. Seit sich in den sechziger Jahren die liberalisierenden Energien auszubreiten begannen, konnten wir beobachten, wie viele Menschen sie aufgenommen haben und durch das Kreuzbein- und Solarplexus-Chakra leiteten, um die liberale Gesellschaft einzuführen. Die daraus folgende Überstimulierung hat zu einer Zunahme der Syphilis geführt, zum Auftauchen des vaginalen Herpesbefalls, der sich in Amerika mittlerweile seuchenartig verbreitet, und nicht zuletzt zu der entsetzlichen Krankheit namens Aids verbreitet, von der zunächst vor allem männliche Homosexuelle befallen wurden. Diese Krankheit attackiert ihre Opfer, indem sie deren Immunsystem so weit unterdrückt, daß es kaum noch funktioniert; die Folge ist, daß das Individuum keine Widerstandskraft gegen Infektionen durch Bakterien, Viren oder Pilze mehr hat. Dann taucht eine seltene Form von Krebs auf, die häßliche Hautläsionen, sogenannte Kaposi-Sarkome, hervorbringt. Fast immer wird die rapide schwindende Gesundheit des Patienten dann noch durch eine Lungenentzündung belastet, er erleidet Gewichtsverlust und schließlich den Tod. Eine Heilmethode für diese Krankheit ist nicht bekannt, die Ansteckungsgefahr durch zwischenmenschliche Kontakte oder Bluttransfusionen ist extrem groß.

Aids schien gleichzeitig in New York, Los Angeles und San Francisco aufzutauchen und hat sich seither rapide über die Vereinigten Staaten und nach Übersee ausgebreitet. Man brachte die Krankheit mit Drogenkonsum in Verbindung, bei dem sie durch den gemeinsamen Gebrauch verschmutzter Injektionsnadeln übertragen wird. Aber es hat den Anschein, daß Aids auch Personen befällt, die keine Drogen spritzen, auch Heterosexuelle und Menschen, die keine Bluttransfusionen benötigen, wie zum Beispiel Bluter. Jedes Jahr erhalten drei Millionen Amerikaner eine Blutübertragung, und wer dabei Aids-infiziertes Blut empfängt, ist praktisch zum Tode verurteilt.

Die Krankheit Aids ist bei näherem Besehen eine entsetzliche Bedrohung; die Inkubationszeit kann zwischen sechs Monaten und drei Jahren dauern, und viele Menschen haben die Krankheit schon lange, bevor sie die ersten Anzeichen wahrnehmen. Die Wirkung auf die Angehörigen der Homosexuellen-Gemeinde war unterschiedlich, sie rangiert von panischem Entsetzen bis zu selbstmörderischer Gleichgültigkeit. In vielen Fällen treibt sie Homosexuelle in ein zölibatäres Leben. Angesichts der Tatsache, daß das durchschnittliche Aids-Opfer innerhalb von zwölf Monaten etwa sechzig verschiedene Sexualpartner hat, bedeutet dies, daß sehr viel Energie blockiert wird – an sich auch schon eine Ursache für psychische und physische Krankheit.

Bevor wir den Strahlenaspekt und die energetischen Aspekte dieser Krankheit betrachten, lohnt es sich, einige statistische Zahlen im Zusammenhang mit der sexuellen Revolution zu betrachten. Man nimmt an, daß etwa zwanzig Millionen Amerikaner an Herpes genitalis leiden, einer durch wissenschaftlich-schulmedizinische Mittel unheilbaren, wenn auch ungefährlichen Erkrankung. Alljährlich kommen ungefähr eine Million neuer Gonorrhö-Ansteckungen und rund hunderttausend neuer Syphilis-Erkrankungen hinzu. Wie Sie sehen, hat es die liberale Gesellschaft immerhin auf ansehnliche Statistiken gebracht und ohne Zweifel auch zu sehr viel Leid und Not.

Zahlreiche Forschungslaboratorien in Amerika versuchen, dem Geheimnis von Aids auf die Spur zu kommen. Zig Millionen Dollar werden dafür ausgegeben, den ursächlichen Faktor aufzuspüren, der aus mechanistischer-wissenschaftlicher Sicht ein Virus oder irgendwie bakterieller Natur sein muß. Im Rahmen dieses Buches möchte ich die Geschlechtskrankheiten im allgemeinen und Aids im besonderen im Hinblick auf Strahlenergien und Chakren betrachten. Studien dieser Art können unsere Fähigkeit steigern, objektive, oberflächliche Phänomene zu erfassen und zu den Energien vorzudringen, die hinter ihnen liegen.

Die medizinische Vorstellung von der Wirklichkeit verlangt, daß für jede Krankheit eine physische Ursache zu suchen ist; deshalb wird naturgemäß jegliche Forschung auch bei dieser neuen Krankheit in entsprechenden Bahnen verlaufen. Wir jedoch wollen sie aus der Perspektive der Energien und Schwingungen betrachten.

Aids kam, wie gesagt, allem Anschein nach gleichzeitig in New York, Los Angeles und San Francisco auf. Aus der Sicht der Energie war der Ursprung höchstwahrscheinlich in New York, dem Kehl-Chakra des amerikanischen Kontinents, das unter dem Einfluß des

3. Strahls steht, der wiederum mit Syphilis und anderen Geschlechtskrankheiten assoziiert wird. Ich nehme an, daß Aids von hier aus
ganz natürlich nach Los Angeles – zum Herz-Chakra – weiterzog, das
von der offenen, magnetischen Anziehungskraft des 2. Strahls regiert
wird. Ich weiß nicht, ob auch San Francisco als Chakra gilt, aber
wenn ich mich recht erinnere, ist Chicago das Solarplexus-Chakra
und New Orleans das Kreuzbein-Chakra Amerikas, regiert vom 6.
bzw. 5. Strahl. Aids könnte durchaus über Chicago nach Los Angeles
gekommen sein, weil die Solarplexus-Energie zum Herzen gezogen
wird. Ungeachtet dessen finde ich es interessant, daß New York
(3. Strahl) am wahrscheinlichsten der Ursprung von Aids ist.

Wenn wir die Chakren des Menschen betrachten, die bei dieser
Krankheit eine wichtige Rolle spielen, so stoßen wir auf zwei Paare:
Kreuzbein- (sexuelle oder niedere schöpferische Energien) und Kehl-
Chakra (höhere schöpferische Energie) sowie Solarplexus- (instinkt-
haftes Wunschleben) und Herz-Chakra. Letzteres ist das höhere
Pendant zum Solarplexus-Chakra und regiert interessanterweise die
Thymusdrüse, einen lebenswichtigen Aspekt im körpereigenen
Abwehrsystem. Durch Energiebahnen direkt mit dem Herzen und dem
Solarplexus verbunden ist das Milz-Chakra, das die Lebenskraft in
den Organismus leitet, um die physische Form direkt über den Blut-
strom zu vitalisieren.

Der durchschnittliche Bürger ist vermutlich erstaunt über die Zahl
der Sexualpartner eines durchschnittlichen Homosexuellen; viele von
diesen haben im Laufe ihres Lebens offenbar bis über tausend verschiedene Partner. Können Sie sich die Menge sexueller Energie und
Begierde-Energie vorstellen, die mit dieser Aktivität verbunden sein
muß – und die Auswirkung, die solche Verschwendung auf die
Chakren haben muß, nicht nur auf jene unterhalb des Zwerchfells

gelegenen, sondern auch auf die höheren? Den Auswirkungen derart starker und reichlicher Energien kann man sich unmöglich entziehen. Kreuzbein- und Solarplexus-Chakra werden extrem überaktiv, und diese enorme Energiemenge wird in Herz- und Kehl-Chakra emporgetrieben, stören die Funktion von Lungen und Verdauungstrakt, von der Schilddrüse ganz zu schweigen. Das Herz, überlastet von verschmutzter Energie, beeinträchtigt wiederum die Körperorgane, Thymus, Kreislauf und Gefäßsystem und nicht zuletzt das Blut.

Zu den mit den Chakren verbundenen Strahlenergien ist zu sagen:

Kreuzbein-Chakra: ätherischer Aspekt: 5. Strahl (niederes Denken); astraler Aspekt: 3. Strahl (aktive Intelligenz).

Geschlechtskrankheiten gehen immer Hand in Hand mit dem Mißbrauch der Energie des 3. Strahls und stehen in Verbindung mit sexueller Befriedigung, Manipulation anderer und geringer Vitalität.

Solarplexus-Chakra: ätherischer Aspekt: 6. Strahl (Hingabe); astraler Aspekt: 6. Strahl.

Das Solarplexus-Chakra steht also sehr stark unter dem Einfluß des 6. Strahls, dessen Energie sich direkt bezieht auf Geschlechtskrankheiten, Schwächen, Begierden und Verwirrung, die aus fehlgeleitetem Verlangen und Perversionen erwächst. (Sie sehen bereits, wie die Aspekte der Krankheit Aids mit den Gegebenheiten und Qualitäten der Strahlenergien übereinstimmen.)

Oberhalb des Zwerchfells sind betroffen:

Kehl-Chakra: ätherischer Aspekt: 3. Strahl (aktive Intelligenz); astraler Aspekt: 5. Strahl (niederes Denken).

Kreuzbein- und Kehl-Chakra werden also von den gleichen Strahlen regiert – vom 3. und 5. –, doch beachten Sie bitte, daß sie unterschiedliche Aspekte regieren, was wiederum zu einer starken Polarität und Anziehungskraft führt. Der 3. Strahl wird, wie wir bereits gesehen haben, direkt mit Geschlechtskrankheiten assoziiert, und eine unausgeglichene Aktivität des 5. Strahls zieht Stoffwechselstörungen, mentale Probleme und einige Formen von Krebs nach sich.

Herz-Chakra: ätherischer Aspekt: 2. Strahl (Liebe-Weisheit); astraler Aspekt: 2. Strahl.

Auch hier haben wir eine doppelte Besetzung durch die Energie und Qualitäten des 2. Strahls. Weiter oben habe ich bereits auf die Kraft dieses Strahls hingewiesen, Formen zu vitalisieren und ihnen Zusammenhalt zu geben. Der 2. Strahl kann leicht überstimuliert sein und an einer gegebenen Stelle zu viele Atome ansammeln; hierdurch entstehen unausweichlich Formen, die wir als Tumoren bezeichnen. Dieser Strahl bringt auch eine eigenartige Form von Vitalität hervor, die einen sehr schädlichen Effekt auf den Blutstrom hat und gleichfalls Tumoren erzeugt. Wenn wir dann noch daran denken, daß ja die Lebenskraft durch das Milz-Chakra hereinströmt, haben wir das Rezept für ein Desaster vollständig.

Man braucht kaum mehr zu sagen; bereits auf der Ebene der Strahlenenergie haben wir hier die Ätiologie dieser Krankheit vorliegen, für die es nur ein einziges Antidot gibt: normale geschlechtliche Beziehungen. Für die Aidsopfer freilich ist dieser Weg oder Ausweg verschlossen, bis das Leben durch den Tod beendet wird und durch Wiedergeburt in eine künftige Existenz von neuem beginnen kann.

In *Esoterische Psychologie I* schreibt Alice Bailey:

Der Mensch muß die Tatsache erfahren und wirklich verstehen, daß
nicht die Befriedigung seiner Sinnesbegierde der Hauptzweck der
Sexualität ist, sondern vielmehr die Bereitstellung von physischen
Körpern, durch die das Lebenselement Ausdruck finden soll. Er muß
die symbolische Bedeutung, die der Sexualbeziehung zugrunde
liegt, verstehen und dadurch die Reichweite spiritueller Tatsachen
erkennen.

An einer anderen Stelle im gleichen Werk lesen wir:

Immer wenn eine Zivilisation zerbröckelt und die alte Ordnung
einer neuen Platz machen muß, finden wir solche krankhaften
Verirrungen.

Die esoterischen Ursachen der Homosexualität liegen in einer Phase
der Übertragung begründet: Die Energien des (sehr aktiven) Kreuzbein-Chakras werden zum Kehl-Chakra geleitet. Dieses ist

... zu dieser Zeit noch nicht aktiv genug oder noch nicht genügend
erwacht, um die Sakralenergien zu absorbieren und nutzbar zu
machen. Diese werden in manchen Fällen auf ihrem Weg nach oben
aufgehalten und eine Zeitlang im Herz-Chakra zurückgehalten. Das
ruft geschlechtliches Verlangen hervor, das mitunter von starken
geschlechtlichen Erregungen begleitet ist; ferner tritt religiöse Erotik
mit all ihren ungesunden Einstellungen auf, vom unbeschränkten
Geschlechtsverkehr bis hin zum fanatischen Zölibat ... zu Perversionen verschiedener Art oder zu ausgesprochener Homosexualität.

Bailey weist darauf hin, daß Homosexualität ein Überbleibsel – eher eine Belastung als ein Miasma – der geschlechtlichen Exzesse einer früheren Zivilisation ist. Sie schreibt über die energetischen Gegebenheiten:

> In jenen Tagen war der sexuelle Appetit so drängend, daß der normale menschliche Verkehr die unersättliche Gier des *höherentwickelten Menschen* jener Zeit nicht befriedigte. Die Seelenkraft, die durch den Prozeß der Individualisierung einfloß, führte zur Stimulierung der niederen Zentren. Deshalb wurden verbotene Methoden praktiziert. Jene, die sie ausübten, sind heute in großer Zahl inkarniert, und die Gewohnheiten der alten Zeit sind zu mächtig für sie. Sie sind auf dem Entwicklungsweg inzwischen so weit fortgeschritten, daß eine Heilung heute möglich wäre – wenn sie sich dafür entscheiden. Sie können relativ leicht den Geschlechtsimpuls in das Kehl-Chakra übertragen und damit in einem höheren Sinne schöpferisch tätig werden und die Energie, die sie spüren, auf rechte und konstruktive Weise gebrauchen.

Wenn wir die Berichte über Aids-Opfer lesen und die Reaktion der Homosexuellengemeinde beobachten – man schreit nach mehr Forschung, um eine Heilung für die Krankheit zu finden –, so erkennen wir, daß hier nach einer chemischen Kur gesucht wird, die gewährleisten soll, daß die alte Lebensweise ohne Risiko fortgesetzt werden kann. Die Krankheit Aids ist so ansteckend und beruht auf einer so fundamentalen Perversion im Umgang mit der Energie, daß es zweifelhaft ist, ob sich eine Heilung oder Impfung der gewünschten Art finden läßt.

Im ersten Kapitel seines Briefes an die Römer schrieb Paulus über solche Probleme, und wenn Sie jetzt lesen, was er über die Energieaspekte schreibt, werden Sie sehen, daß Paulus wußte, worum es ging. Dem Bibeltext werde ich (in Klammern und kursiv) meine eigenen Bemerkungen hinzufügen.

22. Da sie sich für weise hielten, sind sie zu Narren geworden

23. und haben verwandelt die Herrlichkeit des unvergänglichen Gottes in ein Bild, gleich dem vergänglichen Menschen und der Vögel, und der vierfüßigen und der kriechenden Tiere.

24. Darum hat sie auch Gott dahin gegeben in ihrer Herzen *(Herz-Chakra)* Gelüste, in Unreinheit, zu schänden ihre eigenen Leiber untereinander,

25. die Gottes Wahrheit *(höherer Ausdruck der Strahlenergien)* haben verwandelt in die Lügen *(niederer Ausdruck)*, und haben geehrt und gedient dem Geschöpf *(niederes Selbst: Persönlichkeit)* mehr denn dem Schöpfer *(hohes Selbst, Monade)*, der da gelobet ist in Ewigkeit. Amen.

26. Darum hat sie Gott *(Monade)* auch dahin gegeben in schändliche Lüste. Denn ihre Weiber haben verwandelt den natürlichen Gebrauch in den unnatürlichen.

27. Ebenso haben auch die Männer verlassen den natürlichen Gebrauch des Weibes und sich aneinander erhitzt in ihren Lüsten *(Energie von 2. und 6. Strahl)*, und haben Mann mit Mann Schande getrieben, und den Lohn ihres Irrtums an ihnen selbst empfangen.

28. Und gleichwie sie nicht darauf geachtet haben, Gott *(monadische und Seele-Energien)* zu erkennen, hat sie Gott auch dahin gegeben in verkehrtem Sinn, zu tun, was nicht taugt ...

Der biblische Text geht noch weiter. Ein Fundamentalist würde die Geschlechtskrankheiten, besonders Aids, als eine Strafe von Gott bezeichnen, doch solche allzu grob und vordergründig vereinfachten Deutungen sind nicht zulässig. Wenn der Mensch über die Zeitalter hinweg das Gesetz seines eigenen Seins bricht, legt er die Saat seiner eigenen Zerstörung in sich selbst. Früher oder später geht sie auf und erinnert uns schmerzlich daran, daß wir selbst verantwortlich sind für unser Los und daß wir die Kraft in uns haben, es zu verändern: von der korrupten Störung von Kräften und Energien weiterzuschreiten zur leuchtenden, strahlenden Widerspiegelung der Wahrheit.

Ich beabsichtigte, nur wenige Zeilen über die Geschlechtskrankheiten zu schreiben, aber meine Gedanken zu diesem Thema haben ihren eigenen Weg gefunden. Diese Krankheiten spiegeln auf sachliche und unmißverständliche Weise wider, was geschieht, wenn Energien manipuliert und mißbraucht werden, die mit den niederen Chakren verbunden sind. Ich denke, dies alles illustriert auch, wie nützlich das Modell der subtilen Energien bei der Betrachtung sein kann, wenn wir den Menschen und seine Krankheit – und damit auch seine Gesundheit – in einem anderen Licht betrachten wollen.

9

Edelsteinheilmittel und die Strahlen

Der Ton des Mineralreiches ist der Grundton der Substanz überhaupt.

Alice A. Bailey, *Eine Abhandlung über kosmisches Feuer*

Mineralien faszinierten den Menschen schon zu allen Zeiten, und er
verwendete Edelsteine zum Schmuck, zum Heilen von Krankheiten
und zum Abwehren schädlicher Einflüsse. Das Mineralreich ist Träger
eines breiten Spektrums von Energien, die für therapeutische Zwecke
eingesetzt werden können. Dabei handelt es sich natürlich um Strahlenergien, deshalb werden wir sie unter diesem Gesichtspunkt betrachten. Ich möchte zwar nur sieben verschiedene Steine besprechen,
hoffe aber, damit einige neue Erkenntnisse über ihre Einsatzmöglich-
keiten im Lichte unseres Wissens über die Strahlen, feinstofflichen
Körper, Chakren und Krankheit weitergeben zu können.

Das Mineralreich untersteht direkt dem Einfluß des 7. Strahls
(Organisation) und des 1. Strahls (Macht). Das Geheimnis dieses
Naturreiches soll in dem Prozeß der Transmutation liegen; sie ließe
sich definieren als der Übergang von einem Daseinszustand zu einem
anderen durch die Vermittlung von Feuer, sowohl buchstäblich als

auch im Sinne von Energie. Aus diesem Grunde glaube ich, daß Edelsteinelixiere sich bei der Behandlung von Miasmen als sehr nützlich erweisen werden, besonders in Verbindung mit Blütenessenzen der gleichen oder ähnlichen Strahlen. Bailey erwähnt, daß Behandler unter dem Einfluß des 3. Strahls am besten geeignet seien, mit Arzneien aus dem Pflanzen- oder Mineralreich umzugehen, die zu dem gleichen Strahl gehören wie der Patient. Dieser Zugang würde die ganze Praxis der Homöopathie und der Radionik gewiß um eine wichtige und unverzichtbare neue Dimension erweitern.

In seinem Werk *Spiritual Body and Celestial Earth* schreibt Henry Corbin eingehend über die Sufi-Metaphern für die subtilen Körper sowie die inneren alchemistischen Prozesse, die Quarzsand und Pottasche in transparentes Glas verwandeln, durch das die inneren Dinge jetzt gesehen werden können. Der Prozeß der Verfeinerung geht über das Glas zum Kristall, und wenn noch ein magisches weißes Elixier hinzugefügt wird, kommt die Eigenschaft hinzu, Dinge in Brand setzen zu können. Dann geht der Prozeß durch mysteriöse Mittel weiter, um aus dem Kristall den Diamanten hervorzubringen. Corbin schreibt:

Und Diamant, befreit vom Kristall, befreit vom Glas, befreit vom Stein, entspricht den Körpern der Gläubigen in diesem absoluten Paradies.

Wie trefflich spiegelt dieser Satz die Qualitäten des 1. und 7. Strahls wider, die ordnende und verwandelnde Kraft. Bailey schreibt, daß die verschiedenen mineralischen Substanzen nach sieben, den Strahlen entsprechenden Gruppen zu ordnen sind und daß machtvolle, verborgene Veränderungen im Mineralreich stattfinden, wenn – und nur wenn – der 7. Strahl in Manifestation hervortritt. Nun, er tritt zwar bereits hervor, hat aber noch mit den Einflüssen des zurücktretenden 6. Strahls zu streiten, die wir so klar illustriert sehen im Zustand der Welt von heute – und nicht zuletzt in der organisierten Welt der Radionik. Aber die Starrheit des 6. Strahls wird der transformierenden und transmutierenden Kraft des 7. Strahls weichen müssen, und im Laufe dieses Prozesses können wir beobachten, wie die Steine im Bereich des Heilens immer mehr Bedeutung gewinnen.

Das Mineralreich zeigt auf eigene Weise einen sehr fortgeschrittenen Zustand der spirituellen Entwicklung, die sich in seiner strahlenden Kraft widerspiegelt. Radium ist ein Beweis dafür, und es bedurfte der psychischen Sensibilität von zwei Jüngern des 7. Strahls, Marie und Pierre Curie, um dies zu erspüren und die Entdeckung der Wissenschaft bekanntzugeben – zu dem schrecklichen Preis der eigenen physischen Gesundheit. Der 7. Strahl ist der Strahl von Ritual und organisierter Form, deshalb hängen die Energien im Mineralreich sehr direkt mit geometrischen Mustern zusammen. Ohne viel Widerspruch zu riskieren, können wir davon ausgehen, daß auch Malcolm Rae ein Jünger des 7. Strahls war, der sein systematisches Denken auf die Probleme und Geheimnisse der Radionik richtete. Die geometrischen Muster, die er ersann, spiegelten gewiß den Einfluß des 7. Strahls wider. Malcolm war bestimmt der systematischste Mann, mit dem ich auf dem Gebiet der Radionik zusammengearbeitet habe. Ohne Zweifel werden uns die Karten, die er entwickelte, und die Simulatoren, die er erfand, um die ordnenden Muster zu konzentrieren, noch lange Zeit begleiten und in Homöopathie und Radionik auch weiterhin eine immer wichtigere Rolle spielen.

Das Mineralreich unterteilt man nach vier Aspekten, die mit ihrer Entsprechung zum Bewußtsein hier gezeigt werden sollen:

1. Unedle Metalle	physische Ebene, materielles Bewußtsein
2. Edelmetalle	astrale Ebene, Eigenbewußtsein
3. Schmucksteine	mentale Ebene, strahlendes Bewußtsein
4. Edelsteine	egoisches Bewußtsein und Vollendung

Nun wollen wir die sieben Steine betrachten, die den sieben Strahlen zugeordnet werden. Ich führe sie der Reihe nach an und nenne auch ihre therapeutische Verwendung. Diese Entsprechungen stützen sich auf die Lehren der Theosophie im allgemeinen und die Schriften von Geoffrey Hodson im besonderen.

1. STRAHL: DIAMANT

Der Diamant soll der Feind des Teufels sein, weil er Tag und Nacht dessen Macht widerstand. Er soll den Träger mit überlegener Stärke, Mut und Kühnheit ausrüsten. Manche hielten ihn für einen Stein von großer Macht und konnten mit seiner Hilfe nächtliche Gespenster verjagen. Merkwürdigerweise wird der Stein häufig mit Donner und Blitz assoziiert, und ein anonymes italienisches Manuskript versichert, daß Diamanten manchmal von Donner und Blitz verzehrt oder geschmolzen würden. Man kann sich der Frage nicht erwehren, ob jenes Manuskript nicht esoterische Fakten wiedergibt und sie in Bildern verschlüsselt, wenn man bedenkt, daß dem 1. Strahl auch diese Namen gegeben sind:

der Blitz, der tötet

die Macht, die zuschlägt und sich zurückzieht

das Feuerelement, das zerschmettert.

Arzneien, die aus Diamant hergestellt werden, sollen als Gegenmittel für Gifte wirken. Sie wurden eingesetzt zur Behandlung von Blasenleiden, besonders gegen Blasensteine. Der Diamant wurde zudem als ein Schutz vor Seuche oder Pest und in Fällen von Schlaflosigkeit gebraucht.

2. STRAHL: SAPHIR

Der Saphir galt als machtvolle Abwehr gegen Schaden und als fähig, göttliche Gunst anzuziehen. Wie den Diamanten, betrachtete man auch ihn als ein Antidot für Gifte und als Glücksbringer. Der Sternsaphir wurde als »Schicksalsstein« bezeichnet, weil die drei Balken, die sich in ihm kreuzen, Glauben, Hoffnung und Schicksal bedeuten sollten. Seinen therapeutischen Nutzen entfaltete er durch die Beseitigung von Verunreinigungen aus dem Auge und bei der Behandlung von Augenkrankheiten allgemein. Manche Quellen sprechen von seiner Wirksamkeit bei der Behandlung von Pestbeulen.

3. STRAHL: SMARAGD

Dieser Stein soll übernatürliche Kräfte mehren und prophetische Gaben steigern und sogar übertragen. Er wurde gebraucht, um das Gedächtnis zu stärken, um sprachliche Gewandtheit zu heben, den Verstand zu schärfen und die Kraft des Intellekts zu wecken. Magier verwendeten den Smaragd, um ihre Zaubersprüche zu bekräftigen und um sich die Macht des Vorauswissens zu verschaffen. Wie auch andere Steine galt er als Antidot für Gifte und giftige Wunden. Viele verwendeten ihn zum Schutz vor dämonischer Besessenheit. Paracelsus empfahl Smaragd zur Behandlung der Augen. In Indien wurde er als Abführmittel genommen und anderswo zur Behandlung von Epilepsie, Fieber, Blutungen und Lepra. Auf den Magen gelegt, half er bei Magen- und Leberbeschwerden. Die Alten verwendeten ihn auch in Fällen von Bluthusten.

4. STRAHL: JASPIS

Jaspis wurde die Fähigkeit zugesprochen, Regen zu bringen und böse Geister zu vertreiben. Manche behaupteten, daß er das Gift aus einem Schlangenbiß buchstäblich entzieht und in sich selbst aufnimmt. Jaspis ist der Stein des Zeichens Waage, und ein Symbol für Petrus.

5. STRAHL: TOPAS

Im Rahmen der Zuordnung von Planeten zu Steinen behauptete Paracelsus, daß der Topas mit Jupiter verwandt sei. Er galt als Symbol von Matthäus und wurde von Hildegard von Bingen zur Heilung von Sehschwäche empfohlen. Wie der Saphir wurde der Topas auch bei der Behandlung von Pestbeulen und -wunden gebraucht.

6. STRAHL: RUBIN

Das Tragen eines Rubins sollte einem ein Leben in Frieden und Eintracht garantieren und vor aller Gefahr und Not schützen. Dieser Stein bewahrte auch Haus, Obstgarten und Weinberg vor Schäden durch starke Winde. Naharari, ein Arzt im Kaschmir des 13. Jahrhunderts, pries seine Wirkung bei der Behandlung von Flatulenz und Gallenkrankheit. Manche Ärzte verwendeten den Rubin nach dem Motto »similia similibus curentur« auch zur Behandlung von Blutungen und allen entzündlichen Zuständen sowie zur Beseitigung von Wut und Zwietracht.

7. STRAHL: AMETHYST

Traditionell wurde der Amethyst zur Heilung von Trunkenheit verwendet. Manche behaupteten, daß er böse Gedanken verdränge und vor Ansteckung schütze. In einem alten Manuskript heißt es, ein Amethyst, in den das Bild eines Bären geschnitten ist, halte den Träger nüchtern und jage Dämonen in die Flucht.

Diese Bemerkungen zum Nutzen der den sieben Strahlen zugeordneten Steine stammen aus unterschiedlichen Quellen. Ich möchte sie nicht als therapeutische Empfehlungen verstanden wissen. Während sehr viele Behauptungen über die heilsamen Eigenschaften von Steinen weithergeholt scheinen – und manche vermutlich sogar an den Haaren herbeigezogen sind -, bleibt doch die Tatsache, daß der Gedanke an nutzbare therapeutische und schützende Eigenschaften der Edelsteine durchaus berechtigt ist. Solche Steine sollten im Idealfalle in direktem Kontakt mit der Haut getragen werden, um die maximale Wirkung zu erzielen.

Zu Beginn dieses Kapitels erwähnte ich, daß das Mineralreich vom 7. und vom 1. Strahl regiert wird. Die Strahlung von Radium ist uns allen bekannt, die Strahlungen von Edelsteinen sind jedoch nicht ganz so offensichtlich. Mit dem zunehmenden Einfluß des einströmenden 7. Strahls wird auch die Strahlungswirkung von Edelsteinen stärker, und ich bin sicher, daß wir von gezielter Forschung mit Hilfe der Radionik viele interessante Ergebnisse auf diesem Gebiet erwarten können.

Die hier genannten Strahlen sind jene Strahlen, die den betreffenden Edelsteinen hauptsächlich zugeordnet werden; selbstverständlich gibt es – wie bei Mensch und Pflanze – auch noch andere Strahleneinflüsse. In Ermangelung echten Wissens über dieses Thema werden wir uns jedoch mit der Kenntnis des wichtigsten Strahleinflusses bescheiden, den jeder Stein enthält und zum Ausdruck bringt. Für therapeutische Zwecke wird dies gewiß genügen.

Es gibt zahlreiche Bücher über Edelsteine und das Heilen mit Edelsteinen, die jetzt auf den Markt kommen, und das weltweite Interesse an der heilenden Kraft von Kristallen spiegelt unsere Reaktion auf den zunehmenden Einfluß des 7. Strahls wider, der auf den Menschen und dieses Planetensystem einwirkt. In dem Maße, in dem diese Macht sich intensiviert, werden auch die Kraft im Kristall sowie die Leistungsfähigkeit der Radionik für Diagnose und Therapie zunehmen.

10

Blütenheilmittel und die Strahlen

Das Pflanzenreich hat in der Ökonomie des Systems einen besonderen Platz als Vermittler des vitalen Prana-Fluidums; das Pflanzenreich ist definitiv die Brücke zwischen dem Bewußten und dem
Unbewußten.

Alice A. Bailey, *Eine Abhandlung über kosmisches Feuer*

Während das Mineralreich vom 7. und 1. Strahl (Willen) beeinflußt
wird, steht das Pflanzenreich unter dem Einfluß des 2. und 4. Strahls
(Liebe). Diese vermitteln eine gesteigerte Sensibilität bzw. Harmonisierung. Zu den vorherrschenden Strahlen 2 und 4 kommt noch der
6. Strahl (Hingabe). Die Strahlenreihe 2-4-6 ist immer die Reihe des
Heilenden, und seit Tausenden von Jahren wurden Pflanzen nicht nur
gebraucht, um das Leben des Menschen aufrechtzuerhalten, sondern
auch um seine Leiden zu heilen.

Bailey beschreibt das *Geheimnis* des Pflanzenreichs folgendermaßen:

Transformation. Verborgene, alchemistische Prozesse, die die
pflanzlichen Gewächse im diesem Reich befähigen, ihre Nahrung

von der Sonne und aus dem Boden zu beziehen und sie in Form
und Farbe zu »transformieren.«

Die *Aufgabe* des Pflanzenreichs ist:

Magnetismus. Innere Quelle der Schönheit, Lieblichkeit und Anziehungskraft, die die höheren Formen des Lebens – vor allem die
tierischen – lockt, sie [die Pflanze] als Nahrung zu konsumieren,
und die denkenden Wesen, Inspiration, Trost und Befriedigung
mentaler Art von ihr zu beziehen.

Sie haben vielleicht bemerkt, daß das Pflanzenreich von drei Strahlen
regiert wird, während es beim Mineralreich nur zwei Strahlen sind.
Der Grund hierfür liegt in dem höheren Stand der Entwicklung, den
das Pflanzenreich auf seinem eigenen Weg der spirituellen Entfaltung
erreicht hat. Der Mensch wird ebenfalls von zwei Strahlen regiert –
von seinem Seelenstrahl und dem Persönlichkeitsstrahl –, bis er sich
dem letzten Abschnitt seiner evolutionären Reise nähert. An diesem
Punkt beginnt sich dann der monadische Strahl bemerkbar zu
machen, und der Mensch wird von drei Strahlen beeinflußt.

Im Pflanzenreich regiert der 6. Strahl alle Aspekte der Bäume, die
den Planeten bevölkern. Der 2. Strahl äußert sich in den wohltuenden
Einflüssen der Blumen und Getreidepflanzen, der 4. Strahl durch die
Gräser und kleineren Lebensformen.

Bei Dr. Edward Bach müssen die Strahlen 2-4-6 stark vertreten
gewesen sein. Er war ein höchst sensibler Mensch (ein Zeichen des
2. Strahls) und besaß die Fähigkeit, die heilenden Schwingungseigen-
schaften der Blumen dergestalt zu spüren, daß er die Stimmungen
und Ängste tatsächlich selbst erlebte, die jede Pflanze zu lindern

vermochte. Nichts konnte ihn daran hindern, seine Arbeit mit den Pflanzen zu vollenden, auch nicht die Tatsache, daß die britische Ärztekammer drohte, ihm die Approbation zu entziehen. Bachs Idealismus (6. Strahl) und Hingabe, aber auch seine intuitiven Kräfte kommen hier klar zum Ausdruck. Von keinem – nicht einmal von der Ärztekammer – hätte er sich sagen lassen, was er zu tun habe, nachdem er diesen wichtigen Aspekt seines Lebenswerks gefunden hatte. Der Umstand, daß er sehr viele Unterlagen vernichtete und nur wenig Material über sich selbst hinterließ, ist ein Zeichen der Tendenz des 2. Strahls zur Verblendung und exzessiven Selbstauslöschung. Ich meine, daß auch der 4. Strahl bei Dr. Bach vertreten gewesen sein muß und ihm die große Liebe zu Farbe und Schönheit gegeben hat. Interessanterweise empfand Bach das Leben in der hektischen Schwingung der Londoner Großstadt als sehr störend und sah sich gezwungen, aufs Land zu ziehen, wo er die wichtigste Phase seines Lebenswerkes vollbrachte. Menschen mit vielen Qualitäten des 2. Strahls haben große Schwierigkeiten, an überfüllten und »stressigen« Orten zu leben, weil sie so viel von den Eindrücken aus der Umgebung aufnehmen, daß diese sie zuweilen überwältigen.

Bevor wir uns den Strahleneinflüssen in den Bachschen Blütenessenzen zuwenden, möchte ich kurz über die kalifornischen Blütenessenzen und das Werk von Richard Katz und Patricia Kaminski schreiben. Sie haben, gemeinsam mit einer Gruppe von Kollegen und Helfern, gründlich geforscht und etliche Serien von Blütenessenzen zusammengestellt. Die Serien 1 und 2 enthalten je 24 Essenzen unterschiedlicher Blumen. Darüber hinaus produziert die F.E.S. (Flower Essence Society) eine der schönsten und professionellsten Zeitschriften, die ich seit langem gesehen habe; sie spiegelt die Gründlichkeit und reine Professionalität der zugrundeliegenden Einstellung zum Heilen mit Blütenessenzen wider. Die Zeitschrift ist nun bedauerlicherweise einem Mitteilungsblatt gewichen, das jedoch immer noch sehr informativ ist und die Lebendigkeit der Arbeit in der F.E.S. gut vermittelt. Ich möchte jedem sehr empfehlen, das Blatt zu lesen und von den Blütenessenzen Gebrauch zu machen.

Für jede Blütenessenz sind gewisse Qualitäten angegeben und die Störungsmuster, bei denen sie hilft. Anhand einiger Beispiele möchte ich Ihnen eine Vorstellung vermitteln, wie diese Qualitäten und Indikationen aussehen. Ich persönlich empfinde es als äußerst nützlich, nach einer vollständigen Radionikanalyse jene Blütenessenzen zu bestimmen, die die Lektionen im Leben eines Patienten und die Störungen in seinem Energiehaushalt widerspiegeln. Doch sehen Sie selbst:

PFLANZE: California Poppy (*Eschscholtzia californica*, Kalifornischer Goldmohn)

Lektionen im Leben und innere Qualitäten: psychische Öffnung, spirituelles Gleichgewicht, Integration von Fähigkeiten und Wissen aus früherem Leben, spirituelles Sehen

Energiestörungsmuster: Blockaden von Kreativität und Intuition, Veräußerlichung von geistigen Zielen

PFLANZE: Penstemon (*Penstemon davidsonii*, Braunwurzgewächs)

Lektionen im Leben und innere Qualitäten: innere Stärke unter widrigen Umständen

Energiestörungsmuster: Selbstzweifel, Gefühl der Überwältigung durch Herausforderungen, Mißgeschick

PFLANZE: Self-Heal (*Prunella vulgaris*, Kleine Brunelle)
Lektionen im Leben und innere Qualitäten: Selbstheilungskraft durch Selbstanerkennung und Selbstvertrauen, gestärkt durch Lebensenergie
Energiestörungsmuster: Selbstzweifel, Verwirrung

PFLANZE: Yarrow (*Achillea millefolium*, Schafgarbe)
Lektionen im Leben und innere Qualitäten: Schutz vor Leid durch die Kraft des inneren Lichtes
Energiestörungsmuster: verletzlich gegenüber psychischen oder emotionalen »Angriffen« sowie schädlichen Umwelteinflüssen oder Energien

Unter den Essenzen der ersten beiden Serien befinden sich Lotus, Zinnia, California Wild Rose, Shasta Daisy, Quaking Grass und Manzanita. Alle 24 Essenzen werden zusammen mit Farbfotos jeder Blüte und einer Affirmation geliefert, die sich auf die heilenden Eigenschaften der jeweiligen Essenz bezieht. Diese Zugabe gefällt mir besonders gut, weil positive Gesundheitsaffirmationen tatsächlich dazu beitragen, den Nutzen jeglicher Arznei zu steigern, die wir nehmen.

Im folgenden zitiere ich Ihnen Beispiele solcher Affirmationen:

California Poppy: Ich bin klar und ausgeglichen in meiner geistigen und psychischen Entfaltung. – Ich wecke Fähigkeiten und Verständnis aus der Tiefe meines Wesens. – Ich sehe klar mit meiner spirituellen Sicht.

Penstemon: Ich halte durch, auch in schwierigen Situationen. – Ich habe die innere Stärke, Enttäuschungen und Hindernisse zu überwinden. *Self-Heal:* Ich nehme die Selbstheilungskraft in mir an. - Ich bin zuversichtlich und klar. – Die Lebensenergie um mich und in mir ernährt mich. *Yarrow:* Ich bin emotional stark, unbeeinflußt durch den emotionellen Sog anderer.

Affirmationen wie diese sind eine wirkungsvolle Hilfe, um den Einfluß der eingenommenen Essenzen zu verstärken. In der Ausgabe Sommer 1980 des *Flower Essence Quarterly* schrieb der Herausgeber Richard Katz:

> Blütenessenzen und Affirmationen sind zwei machtvolle Wege der Transformation, und ihre Kombination kann ebenfalls wirkungsvoll sein – eine Kooperation der schöpferischen Kraft des bewußten Denkens mit der subtilen, katalysierenden Wirkung der Essenzen auf der Schwingungsebene. Es mag schon stimmen, daß Blütenessenzen uns unabhängig von unserem Glauben beeinflussen, doch ihre Wirkung läßt sich sehr steigern, indem wir jene Überzeugungen pflegen, die die angestrebten Qualitäten und Veränderungen bejahen und bestätigen.

Selbst beim flüchtiger Durchblättern früherer Ausgaben der Zeitschrift ist deutlich zu erkennen, welche vitale neue Energie und Erweiterung diese in Kalifornien wirkende Gruppe in das therapeutische Feld eingeführt hat. Während man dort mit der sorgfältigen Erforschung und Erkundung der Verwendungsmöglichkeiten von Essenzen einheimischer Blüten begann, vergaß man doch nicht das

Werk Edward Bachs, sondern ließ sich von ihm inspirieren. Ja, es ist offensichtlich, was die Kalifornier leisteten: Ohne die ursprünglichen Gedanken Bachs zu stören, erarbeiteten sie auf dynamische und höchst positive Weise eine Erweiterung seines Werkes. Falls Sie je irgendwelche Zweifel bezüglich der aus Blüten hergestellten Essenzen hegen, werden die im *Flower Essence Quarterly* so schön präsentierten Artikel sie in Kürze ausräumen. Ich möchte jedem Praktiker ans Herz legen, sich der F.E.S. anzuschließen und aus ihren Schriften etwas über die kalifornischen Blütenessenzen zu lernen. Die hier gebotene Information wird Ihnen neue Erkenntnisse über den Einsatz von Blütenessenzen und -arzneien geben und Ihre diagnostischen und interpretativen Fähigkeiten um eine ganz neue Dimension erweitern.

Während wir in England bei der Verwendung von Blütenessenzen britische Zurückhaltung übten, gingen die Kalifornier mit einer dynamischen Begeisterung ans Werk, die uns auf unseren oft umwölkten Inseln zu mangeln scheint. Wie bei der Radionikarbeit mit Chakren, feinstofflichen Körpern und Strahlen bedarf es eines vitalen und enthusiastischen Glaubens an diese Methode, der auf gründlichem Wissen beruht und mit Gewißheit und Zuversicht angewendet wird. Die Einstellung »Na ja, versuchen wir es einmal und sehen, ob es funktioniert« ist nicht genug. Wir müssen die Energie unserer Überzeugung und Begeisterung einsetzen, um die subtilen Heilungsschwingungen der Blütenessenzen und -arzneien zu unterstützen und eine wirklich kooperative Beziehung zwischen uns und den Deva-Essenzen herzustellen, mit denen wir arbeiten. Es gibt wirklich keinen anderen Weg, dieses Werk zu vollbringen.

Ich betrachte die Arbeit von Richard Katz und Patricia Kaminski als eine gesunde und wichtige Erweiterung von Edward Bachs Pioniertat; diese neue Dimension überwindet die Grenzen, die Bachs Werk in manchen Bereichen einengen. Gewisse Quellen glauben, Dr. Bach habe alles getan, was auf dem Gebiet der Blütenessenzen zu leisten ist, und dieses Gebiet beginne und ende genau da, wo er es begann und verließ. Das ist eine für den 6. Strahl typische verhärtete Einstellung; sie verschanzt sich in der Vergangenheit und betrachtet die Welt der Blütenessenzen nur mit einem durch Scheuklappen eingeschränkten Blick. Die Kalifornier haben aufgrund ihrer Wesensart einen Strom von positiver Energie des 2. und 4. Strahls eingebracht, die durch den 7. Strahl der Ordnung behutsam ausgeglichen scheint. Machen Sie sich mit ihrer Arbeit vertraut, und Sie werden sehen, was ich meine.

Die Kalifornier haben auch für die Bachschen Blütenessenzen Affirmationen formuliert, die deren Anwendungsbereich um eine neue Dimension erweitern. Man muß diese Affirmationen natürlich nicht verwenden, und es ist auch ganz in Ordnung, sich eigene auszudenken; achten Sie jedoch darauf, daß es sich um Aussagen positiver Art handelt. Sagen Sie also nicht: »Damit werde ich meine Schwäche los«, denn dadurch bestätigen Sie die Schwäche in Wirklichkeit. Sagen Sie statt dessen: »Dies stärkt mich Tag für Tag.«

Scleranthus

Ich bin entschlossen in Denken und Tun.

Ich bin ausgeglichen und stabil.

Ich handle aus innerer Gewißheit.

Olive

Ich fühle mich belebt in Denken und Körper.

Ich mache bewußt Gebrauch von all meiner Energie.

Ich schöpfe aus der unerschöpflichen Energiequelle im Innern.
Ich kenne meine Grenzen beim Teilen mit anderen.

Walnut

Ich bin frei von begrenzenden Einflüssen.
Ich folge innerer Weisung ungeachtet äußerer Einflüsse.
Ich bin geschützt vor jeglichem negativen Einfluß.
Ich breche alle Verbindungen ab, die mein Wachstum behindern.

Die letzten beiden Affirmationen sind gewiß ideal für den Radionik-praktiker, der sich täglich auf sie besinnen sollte. Aufgrund der konstanten Wechselbeziehung zwischen Patient und Praktiker auf den höheren und niederen Ebenen der Persönlichkeit und der damit verbundenen pathologischen Energien kann diese Form der schützenden Affirmation sehr nützlich sein.

Liste der kalifornischen Blütenessenzen und ihrer Strahlen

Serie 1

Blütenessenz	Strahlen	Blütenessenz	Strahlen
Blackberry	2-4	Pink Yarrow	1-3-5
Borage	3-6	Red Clover	2-4-7
California Poppy	2-4-6	Sagebrush	1-3-5
Chamomile	2-3-5	Scarlet Monkeyflower	3-6
Dill	3-5-6	Scotch Broom	2-4-6
Fuchsia	4-6	Self-Heal	2-4-7
Iris	4-6	Shasta Daisy	1-3
Madia	5-7	Star Tulip	2-4-6
Manzanita	2-4-6	Sticky Monkeyflower	2-4-6
Morning Glory	2-4-7	Sunflower	2-4
Nasturtium	2-4-5	Sweet Pea	4-7
Penstemon	2-4-6	Yarrow	2-6

SERIE 2

Blütenessenz	Strahlen	Blütenessenz	Strahlen
Basil	1-3-5	Larkspur	1-7
Black-eyed Susan	3-4-7	Lavender	3-7
Bleeding Heart	4-6	Lotus	1-2-3
Buttercup	2-7	Marigold	2-7
Calif. Wild Rose	2-4-6	Pomegranate	1-3-6
Cayenne	1-2-4	Quaking Grass	2-4-6
Corn	2-5	Rabbitbrush	2-4
Dandelion	2-6	Saguaro	3-5-7
Garlic	1-5-7	St. John's Wort	2-5-6
Golden Ear Drops	2-5	Trumpet Vine	2-6
Goldenrod	2-3-6	Yerba Santa	6-7
Indian Paintbrush	3-5	Zinnia	2-3-6

Mit Hilfe dieser Listen und der Strahlenzugehörigkeitsliste für die Bachschen Blütenessenzen können Sie bei der Rezeptur den Zusammenhang Strahl-Chakra-Blütenessenz berücksichtigen, der gewiß sowohl interessant als auch effektiv sein wird.

Qualitäten der Blütenessenzen: Serie 1

Die Serie 1 besteht aus 24 Blütenessenzen, die in Nordamerika von Richard Katz hergestellt werden. Im Laufe der vergangenen fünf Jahre hat sich ihre Verwendung über die ganze Welt ausgebreitet, und ihr Ruf als beeindruckend wirksame Arzneien hat rapide zugenommen.

Blackberry (*Rubus ursinus*, Brombeere; weiß-rosa): bewußte Manifestation mit Hilfe der schöpferischen Macht des Denkens; zur Überwindung der Trägheit oder des Gefühls, steckengeblieben zu sein.

Borage (*Borago officinalis*, Borretsch; blau): froher Mut, Zuversicht angesichts Gefahr und Herausforderung; zur Überwindung von Entmutigung und Trauer.

California Poppy (*Eschscholtzia californica*, Goldmohn; goldorange): ausgeglichene innere Entwicklung, intuitive und kreative Fähigkeiten; zur Überwindung spiritueller »Verblendung« und übertriebener Faszination.

Chamomila (*Anthemis cotula*, Kamille; weiß, Mitte gelb): innere Ruhe und Objektivität, Lösung emotionaler Spannung; bei Nervosität, Schlaflosigkeit, emotionaler Erregung; gut für Kinder.

Dill (*Anethum graveolens*, Dill; gelb): Verarbeiten von Erlebnissen; beim Gefühl, vom Tempo des Lebens überwältigt und überreizt zu sein.

Fuchsia (*Fuchsia hybrida*; rot-purpurn/rosa): Erkennen und Verstehen blockierter Emotionen; bei unterdrückten Gefühlen, die sich oft als Spannung, Krankheit oder falsche Emotionalität äußern.

Iris (*Iris douglasiana*, Schwertlilie; blau-violett): künstlerische und schöpferische Inspiration; zur Überwindung von Frustration und schöpferischen Grenzen.

Madia (*Madia elegans*, Ölmadie; gelb, rote Punkte): Konzentration, Ausrichtung, Aufmerksamkeit auf Einzelheiten, Ausdauer; bei der Tendenz, sich leicht ablenken zu lassen.

Manzanita (*Arctostaphylos viscida*, Bärentraube; weiß-rosa): Annehmen von physischem Körper und äußerer Welt; bei Ambivalenz oder negativer Haltung gegenüber dem Körperlichen.

Morning Glory (*Ipomoea purpurea*, Purpurwinde; blau): Vitalität, Wachheit, Hilfe zum Durchbrechen alter Gewohnheitsmuster; bei Rastlosigkeit, Nervosität, sprunghafter Energie.

Nasturtium (*Tropaeolum majus*, Große Kapuzinerkresse; orange-rot): erdhafte Ausdrucksfähigkeit, Vitalität; bei Überintellektualität oder Schwächung der Vitalität.

Penstemon (*Penstemon davidsonii*, Bartfaden; violett-blau): innere Stärke durch widrige Umstände; Klarheit und Beziehungen; bei Selbstzweifel in schwierigen Situationen.

Pink Yarrow (*Achillea millefolium rubra*, Schafgarbe; rosa-purpurn): emotionale Stärke und Ausgeglichenheit; zur Überwindung von emotionaler Überempfindlichkeit und Überreaktionen.

Red Clover (*Trifolium pratense*, Wiesen-Rotklee; rosa-rot): Sammlung und Ausgeglichenheit in emotional geladenen Gruppensituationen.

Sagebrush (*Artemisia tridentata*, Beifuß; gelb): Treue zum eigenen Wesenskern; loslassen, was unwichtig oder zuviel ist, Aufgabe falscher Selbstbilder oder Erwartungen an sich selbst.

Scarlet Monkeyflower (*Mimulus cardinalis*, Gauklerblume; rot): Mut zum Einsatz starker Emotion und der eigenen Schattenseite; emotionale Ausgeglichenheit.

Scotch Broom (*Cytisus scoparius*, Besenginster; gelb): Motivation, Ausdauer, Annehmen von Schwierigkeiten als Chancen; Hilfen zur Überwindung von Pessimismus und Verzagtheit.

Self-Heal (*Prunella vulgaris*, Kleine Brunelle; violett): Selbstanerkennung, Vertrauen auf innere Selbstheilungskräfte.

Shasta Daisy (*Chrysanthemum maximum*, Margerite; weiß, Mitte gelb): Synthese und Integration von Ideen in ein umfassendes Verständnis; für jene, die auf der Suche leicht ihre Kräfte zerstreuen.

Star Tulip (*Calochortus tolmiei*, Katzenohr; weiß-violett): innere Sensibilität und Empfänglichkeit, inneres Lauschen.

Sticky Monkeyflower (*Mimulus aurantiacus*, Gauklerblumenart; orange): Erkennen sexueller Probleme, Integration von sexuellen Gefühlen und Liebe; Überwindung der Angst vor Nähe.

Sunflower (*Helianthus annuus*, Sonnenblume; gelb): Weiterentwicklung der Individualität; Überwindung von Egoismus oder unausgeglichenen Tendenzen zur Selbstauslöschung; Harmonisierung der inneren Beziehung zum Vaterprinzip.

Sweet Pea (*Lathyrus latifolius*, Platterbse; rot-purpurn): gesellschaftliche Kontaktfähigkeit und Verwurzelung; überwindet soziale Entfremdung oder Konflikte und Angst vor sozialer Verpflichtung.

Yarrow (*Achillea millefolium*, Schafgarbe; weiß): Stärkung des inneren Lichtes im Umgang mit Negativität oder Disharmonie; bei Überempfindlichkeit oder Gefühl der Verletzbarkeit.

Qualitäten der Blütenessenzen: Serie 2

Serie 2 ist eine revidierte Version des F.E.S.-Research Kit und wurde in den vergangenen drei Jahren schon von Hunderten von F.E.S.-Mitgliedern eingesetzt.

Basil (*Ocimum basilicum*, Basilikum; weiß): Integration von sexueller Liebe und Spiritualität; hilft zum Kern emotionaler Angelegenheiten in zwischenmenschlichen Beziehungen vorzudringen.

Black-Eyed Susan (*Rudbeckia hirta*, Rauher Sonnenhut; gelb, Mitte schwarz): durchdringender Einblick, emotionale Transformation.

Bleeding Heart (*Dicentra formosa*, Tränendes Herz; rosa): Lösung emotionaler Bindungen; bringt Frieden, Harmonie, Ausgeglichenheit ins Herz.

Buttercup (*Ranunculus occidentalis*, Hahnenfuß; gelb): kennt den Wert seiner Begabungen; teilt sein Licht mit anderen; bei Schüchternheit und Zurückgezogenheit.

California Wild Rose (*Rosa californica*, Kalifornische Heckenrose; rosa): Vitalität, Verjüngung; Liebe zum Leben.

Cayenne (*Capsicum annuum*, Schotenpfeffer; weiß): vermittelt rasche Veränderung; zur Überwindung eingefahrener Gewohnheiten.

Corn (*Zea mays*, Mais; gelb-weiß): spirituelle Wurzeln; ausgeglichene Beziehung zwischen Himmel und Erde, emotionale Distanz und Klarheit; hilfreich in menschenüberfüllten Situationen.

Dandelion (*Taraxacum officinale*, Löwenzahn; gelb): durchtrennt emotionale Blockaden; löst Anspannung.

Garlic (*Allium sativum*; Knoblauch, weiß): löst Ängste; überwindet Unsicherheiten, Nervosität.

Golden Ear Drops (*Dicentra chrysantha*, Herzblume; gelb): gewinnt Abstand zu unglücklichen Kindheitserinnerungen.

Goldenrod (*Solidago*, Goldrute; gelb): nimmt seine Macht gegenüber anderen in Anspruch; ist sich selbst treu im Umgang mit anderen; baut Hindernisse für zwischenmenschlichen Kontakt ab.

Indian Paintbrush (*Castilleja miniata*, Maulbeergewächs; rot): weckt die Vitalität des schöpferischen Impulses; gewinnt emotionale Reife durch Aufarbeitung von Enttäuschungen.

Larkspur (*Delphinium depauperatum*, Rittersporn; blau-violett): Großzügigkeit, Altruismus, echte Führungsqualitäten.

Lavender (*Lavandula officinalis*, Lavendel; lavendel-violett): innerer Frieden durch Selbstachtung und spirituelles Wissen über sich selbst; Harmonie durch spirituelle Gedanken.

Lotus (*Nelumbo nucifera*, Lotus; rosa): spirituelles Stimulans, verstärkt Essenzen und Übungen; Gleichgewicht insgesamt.

Marigold (*Tagetes erecta*, Samtblume; gelb): inneres Lauschen; hört andere, hört das Kind im Innern.

Pomegranate (*Punica granatum*, Granatapfel; rot): setzt feminine schöpferische Energie (in Männern oder Frauen) frei; findet Wege zur Äußerung der eigenen Kreativität; hilft Emotionen zu verwandeln, die auf Mängel und Vernachlässigung in der Kindheit zurückgehen.

Quaking Grass (*Briza maxima*, Großes Zittergras; grün): Harmonie und Kooperation der Gruppe; Verschmelzung der Egos einzelner.

Rabbitbrush (*Chrysothamnus nauseosus*, Hasenpinsel; gelb): Wachheit, scharfe Wahrnehmung, überblickt alle Einzelheiten.

Saguaro (*Cereus gigantus*, Riesensäulenkaktus; weiß, Mitte gelb): Klarheit in bezug auf Eltern- und Autoritätsbilder; schätzt die Weisheit wahrer geistiger Quellen und Traditionen.

St. John's Wort (*Hypericum perforatum*, Johanniskraut; gelb): löst bewußte und unterbewußte Ängste; Vertrauen in geistigen Schutz und Führung; hilft bei der Bewältigung von Angstträumen.

Trumpet Vine (*Campsis tagliabuana*, Trompetenblume; rot-orange): Vitalität im Selbstausdruck; Selbstbestätigung.

Yerba Santa (*Eriodictyon californicum*, Heiliges Kraut; violett): spirituelles Verständnis der Emotionen; Entspannung emotionaler Verkrampfungen, besonders im Bereich des Herzens.

Zinnia (*Zinnia elegans*, Zinnie; rot): Lachen, Leichtigkeit und Lösung von Spannung; kindlich-spielerische Einstellung zum Leben; Annehmen des inneren Kindes.

Diese Blütenessenzen können nicht nur oral eingenommen, sondern dem Patienten auch mit Hilfe des Bervroux-Kompasses aus der Entfernung zugesendet werden. Das Schema wird nach Norden und Süden ausgerichtet, und die Probe des Patienten in die Mitte gelegt. Dann werden Gläschen der passenden Arzneien für die ermutete Dauer und Art der Fernbehandlung an den Punkt plaziert, der ihrem Grundstrahl zugeordnet ist.

KALIFORNISCHE BLÜTENESSENZEN, SERIE 1

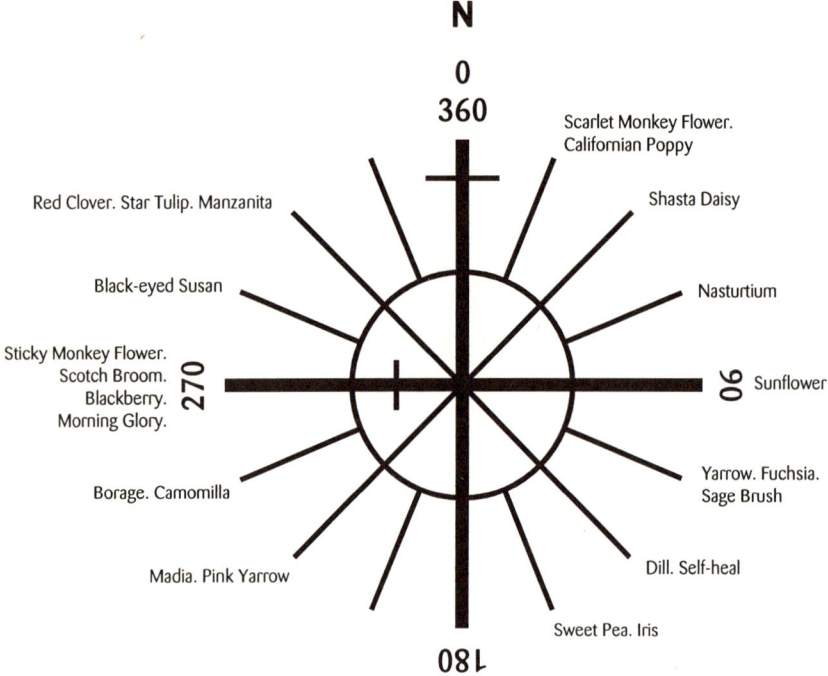

KALIFORNISCHE BLÜTENESSENZEN, SERIE 2

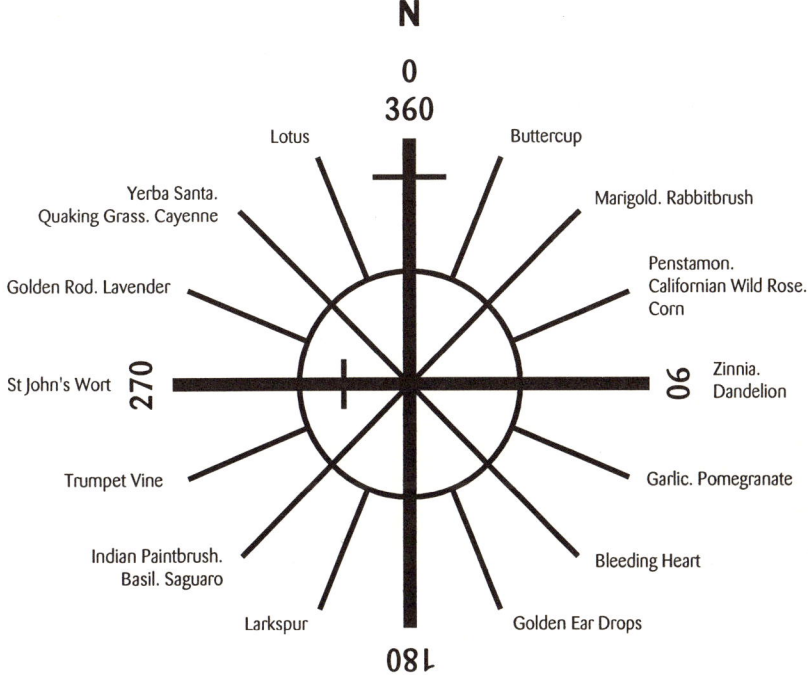

Strahlenenergien der Bachblüten

Dieses Kapitel trägt die Überschrift »Blütenheilmittel und die Strahlen«, und so wollen wir auch die Strahlenergien der Bachschen Blütenarzneien betrachten. Diese Zuordnungen sind nützlich, weil man sie zusammen mit den Strahlen, die die Chakren und den Patienten regieren, berücksichtigen kann, und so eine Richtlinie zur Rezeptur erhält. Auch die verwandten biochemischen (Schüßler-)Salze sollen genannt werden. Sie können in Kombination mit den geeigneten Bachblüten eingesetzt werden, um deren Wirkung zu verstärken und zu erweitern. Auch das astrologische Zeichen wird hinzugefügt für diejenigen, die diesen Aspekt in ihre Arbeit einbeziehen.

Zeichen	Biochem. Salz	Bach-Blütenessenz	Strahlen
Widder	Kalium phos.	Walnut	1-6-7
		Wild Oat	1-6-7
		Crab Apple	1-6-7
Stier	Natrium sulf.	Elm	1-4-5
		Rock Water	1-4-5
Zwilling	Kalium Sulf.	Agrimony	2-3-4
		Water Violet	2-3-4
Krebs	Calcium sulf.	Pine	3-6-7
Löwe	Silicea	Cherry Plum	1-2-5
		Rock Rose	1-2-5
		Oak	1-2-5
		Chicory	1-2-5

Jungfrau	Natrium phos.	Larch	2-5-6
		Holly	2-5-6
		Cerato	2-5-6
		Olive	2-5-6
		Gentian	2-5-6
Waage	Calcium fluor.	Chestnut Bud	1-3-5
		White Chestnut	1-3-5
		Scleranthus	1-3-5
		Aspen	1-3-5
		Star of Bethl.	1-3-5
		Impatiens	1-3-5
Skorpion	Kalium chlor.	Centaury	4-6
		Wild Rose	4-6
		Mimulus	4-6
		Vervain	4-6
Schütze	Magnesium phos.	Willow	4-5-6
		Mustard	4-5-6
Steinbock	Calcium phos.	Sweet Chestnut	1-3-5
		Clematis	1-3-5
		Gorse	1-3-5
Wassermann	Natrium mur.	Honeysuckle	4-5-7
		Red Chestnut	4-5-7
Fische	Ferrum phos.	Beech	1-2-6
		Vine	1-2-6
		Heather	1-2-6
		Hornbeam	1-2-6

Diese Zuordnungen entstammen dem Buch *Esoteric Healing – Flower Remedies and Medical Astrology,* einem der vielen glänzenden Werke, die Dr. Douglas Baker über esoterische Themen geschrieben hat. Dr. Baker ist eine führende Autorität auf dem Gebiet der Schriften Alice Baileys und ein sehr gebildeter esoterischer Astrologe. Mir ist bewußt, daß manche Zuordnungen von Schüßler-Salzen nicht mit den traditionell überlieferten übereinstimmen, aber dies mag darauf zurückzuführen sein, daß die hier wiedergegebenen Korrelationen aus esoterischer Sicht entstanden.

Aus diesen Informationen über die kalifornischen Blütenessenzen und die Bachschen Blütenarzneien sollte nun klar hervorgehen, daß wir hier ätherische Arzneien zur Verfügung haben, die sich als wirkungsvolle Mittel zur Heilung erweisen, besonders wenn wir sie im Lichte unserer Kenntnisse über Chakren, Strahlen und feinstoffliche Körper einsetzen.

11

Geopathische Belastung und Erdenergien

Der Erde nicht als einem Konglomerat physikalischer Fakten, sondern als der Person ihres Engels gegenüberzutreten ist ein zutiefst psychisches Geschehen, das weder in dieser Welt der unpersönlichen, abstrakten Begriffe noch auf der Ebene bloßer Sinneswahrnehmungen »stattfinden« kann.

Henry Corbin, *Spiritual Body and Celestial Earth*

In seinem Buch schreibt Corbin weiter, daß die Erde nicht durch die Sinne, sondern durch ein Urbild wahrgenommen werden muß. Aus esoterischer Sicht ist unsere Erde tatsächlich als ein lebendes Wesen zu betrachten − als ein (wenn auch unvollkommener) Engel, wenn Sie so wollen −, dessen Energien sowohl aufbauende als auch destruktive Auswirkungen haben.

Dank der Bücher von John Michell und anderen Autoren wurde die Entdeckung von »Feldlinien« *(ley lines)*, die antike Steinmonumente, Kultstätten und viele Kirchen miteinander verbinden, im Laufe der vergangenen gut zehn Jahre auch der Allgemeinheit zugänglicher. Rutengänger und Radiästhesisten allgemein hatten schon seit langem gespürt, daß bestimmte Gegenden des Landes Energiemuster abstrahlen, die die Gesundheit beeinträchtigen. Selbst schulmedizinische Aufzeichnungen und Statistiken zeigen, daß ein Zusammenhang zwischen bestimmten geographischen und geologischen Gebieten und dem Vorkommen bzw. der Häufigkeit spezifischer Krankheiten besteht.

Bevor wir die eher materiellen Aspekte dieses Themas betrachten, möchte ich einige Passagen aus *Esoterisches Heilen* von Alice A. Bailey zitieren:

Ich werde und kann nur wenig sagen – gerade genug, um auf eine produktive Krankheitsursache hinzuweisen, die so alt ist, daß sie dem Leben unseres Planeten selbst innewohnt. Diese Krankheiten haben keinen subjektiven oder erkennbaren Ursprung; sie sind nicht die Folge emotioneller Zustände oder unerwünschter Gedankengänge. Sie sind nicht psychologischer Art und können nicht auf irgendeine Tätigkeit der Zentren zurückgeführt werden.

Sie haben ihren Ursprung im planetarisch-irdischen Leben selbst, in seinem Lebensaspekt, und haben eine direkte Ausstrahlungswirkung auf die individuellen Atome, aus denen der grobstoffliche Körper des Menschen besteht. Es ist wichtig, dies zu beachten. Der Ausgangspunkt einer jeden Krankheit dieser Art liegt in unserem Planeten selbst. Diese Ursache beruht also in erster Linie auf einer äußeren Einwirkung bestimmter Emanationen, die von der Oberfläche der Erde herkommen, tief in ihrem Innern erzeugt werden und auf den grobstofflichen Körper einstürmen. Diese Strahlungen wirken auf die Energieeinheiten ein, die in ihrer Gesamtheit die Atomsubstanzen des Körpers ausmachen; sie haben keinerlei Beziehung zum Blutstrom oder zum Nervensystem. Sie können daher nicht erkannt oder isoliert werden, da der Mensch heute so hoch organisiert und zur Einheit geworden ist, daß diese äußeren Stoßwellen eine unmittelbare Reaktion im Nervensystem hervorrufen; der moderne Arzt ist gegenwärtig nicht in der Lage, zu unterscheiden zwischen den Krankheiten, die aus des Patienten eigenem inneren – körperlichen oder feinstofflichen – Mechanismus stammen, und jenen, die durch wesensfremde, aus der Außenwelt kommende Reize bedingt sind und unmittelbare Wirkungen auf den Empfindungsapparat des Menschen ausüben. Ich meine hier nicht Infektionskrankheiten oder Seuchen.

Vielleicht könnte ich dadurch eine Hilfestellung geben, daß ich den folgenden Punkt hervorhebe: Diese verborgene (zur Zeit *für uns verborgene)* irdisch-planetarische Wirkung auf den physischen Körper ist die Hauptursache des Todes, soweit es sich um die rein tierische Formnatur handelt oder um jene Lebensformen, die es im Tier- und Pflanzenreich und – in einem geringen Maße und auf tieferer Stufe – auch im Mineralreich gibt.

Diese Textpassage bietet eine Reihe von Hinweisen auf das Wesen dieser anscheinend destruktiven Strahlungsenergie, die aus der Erde selbst kommt. Wenn sie den Tod der atomaren Strukturen des grobstofflichen Körpers bewirkt, dann hängt sie vielleicht mit den Energien des 1. Strahls zusammen. Ob dieser Gedanke uns weiterhelfen wird, vermag ich nicht zu sagen. Ich weiß allerdings, daß Rutengänger seit langem die negativen Energien in der Erde kennen, die anscheinend von unterirdischen Wasseradern, geologischen Verwerfungen, Höhlen, Minen und »Feldlinien« ausgehen.

Französische Radiästhesisten prägten einen Namen für diese übelwirkende Energie und nannten sie *»vert negativ«,* das heißt negatives Grün. Diese Strahlung ist im Farbenspektrum zwischen

Weiß und Schwarz angesiedelt, sie tötet Bakterien und mumifiziert Fleisch. Die Franzosen, insbesondere Chaumery und Belizal, von denen einer übrigens aufgrund seiner Forschungsarbeiten an radiästhetischen Energien gestorben sein soll, beschrieben das »negative Grün« als »schädliche Welle« und unterschieden mehrere Bereiche: *Alphawellen* gehen von unterirdische Höhlen und geologischen Spalten aus; *Betawellen* stammen von verseuchten Wasserläufen, die auch als »schwarze Wasserläufe«, als unterirdische Wasseradern bezeichnet werden. *Gammastrahlen, Theta-, Ny- und Zetawellen* schließlich rühren von natürlicher Radioaktivität oder schädlichen Strahlungen von Fernsehgeräten oder dem Leitungsnetz des Hauses selbst her, das auf manche Menschen eine nachteilige Wirkung ausübt.

Enel, ein berühmter Radiästhesist, der ähnlich arbeitete wie Chaumery und Belizal, stellte eingehende Untersuchungen der Energie »negatives Grün« an und spezialisierte sich auf deren Einsatz bei der Behandlung von Krebspatienten. Am Ende zog er sich die Krankheit selbst zu. Enel hatte keinen Zweifel, daß er den Krebs bekam, indem er dessen Energie durch seinen Körper leitete, wenn er die Drehpendel-Technik zur Behandlung von Patienten nutzte. »Negatives Grün« wurde übrigens auch unter dem Begriff »Pyramidenenergie« bekannt, und so sollten wir uns also fragen, ob es wirklich ratsam ist, während der Meditation unter pyramidenförmigen Strukturen zu sitzen. Wenn die Energie »negatives Grün« Fleisch und andere Produkte mumifiziert – wissen wir wirklich, was sie beim menschlichen Körper langfristig bewirkt? Ich bezweifle es.

Forschungen in Frankreich führten zu der Entdeckung von »Krebshäusern«, die diese Bezeichnung erhielten, als man herausfand, daß Mitglieder buchstäblich jeder anscheinend gesunden Familie, die ein solches Haus bezog und einige Zeit bewohnte, der Krebskrankheit erlagen. Radiästhetische Untersuchungen ergaben starke Quellen von »Negativ-Grün-Strahlung« unter diesen Häusern, die den Tod zur Folge hatte. Hier ist vielleicht ein weiteres Indiz dafür, daß diese Erdstrahlungen ihrer Natur nach dem 1. Strahl zuzuordnen sind, weil dieser mit dem Krebs und dem Prozeß des Todes oder der Rückzug aus der Form zusammenhängt.

Obwohl Bailey in ihrer Abhandlung über die Strahlen und das Heilen sagt, daß diese Energien nicht aufspürbar seien, sind sie es am Ende vielleicht doch. Wenn man die Fortschritte in der Energiemedizin beobachtet, so gibt es heute objektive Methoden zur Feststellung ihrer Auswirkungen beim Patienten. In meiner Praxis gebrauche ich die Vegatest-Diagnostik, ein Verfahren, das auf gut zwanzig Jahren der Forschung auf dem Gebiet der Elektroakupunktur beruht, die Reinhold Voll in Deutschland begründete. Mit Hilfe der Vegatest-Methode kann man unter anderem präkanzeröse Stadien entdecken, die funktionelle Integrität aller Organsysteme messen, spezifische Typen von psychischem Streß bestimmen und interessanterweise auch geopathische Belastung feststellen: Dies ist der Name, der jenen Strahlungen gegeben wurde, die vom Erdinneren an die Erdoberfläche gelangen. Das Vegatest-Protokoll unterscheidet fünf Arten von Strahlung, die sie unter der Überschrift geopathischer Belastung behandelt. Es sind dies:

Yin = entladende Kraftfelder und Yang = aufladende Kraftfelder
Ersteres geht von unterirdisch fließendem Wasser, von Höhlen, Minen und geologischen Verwerfungen aus. Gut achtzig Prozent aller geopathischen Belastung hat diesen Ursprung. Die Yang-Strahlung, das aufladende Kraftfeld, kann von Mineral-, Salz-, Öl- oder Erz-

lagerstätten kommen. Es ist verantwortlich für gut zwanzig Prozent aller Fälle. Radioaktivität kommt laut Dr. Helmut Schimmel, auf den die Technik zurückgeht, nur selten vor; gewiß aber ist sie bei der Radionikanalyse festzustellen, wie bei jenen Patienten, die ich an einer anderen Stelle dieses Buches erwähnte. Ferner gibt es:

Globalgitter-Belastung

Sie ist zurückzuführen auf »Feldlinien«-Aktivität und zeigt sich recht deutlich, falls vorhanden, beim Gebrauch der Vegatest-Methode. Dann gibt es:

Radioaktive Belastung und elektromagnetische Störungen

Diese beiden Kategorien erklären sich selbst und stammen aus nuklearer Strahlung oder aus elektrischen Quellen wie Überland-Hochspannungsleitungen und der Verkabelung im Hause.

Die medizinische Forschung mit Hilfe des Vegatest-Geräts zeigt, daß zahlreiche Patienten, die schon einen Arzt nach dem anderen konsultiert haben und vergeblich nach Hilfe suchten, unter geopathischer Belastung leiden. Diese Patienten kommen oft jahrelang wieder, und anscheinend weiß ihnen keiner zu helfen. Der Grund ist, *daß Patienten, die unter geopathischer Belastung leiden, auf keine Behandlung ansprechen, solange nicht die Quelle ihrer Belastung entschärft ist oder sie selbst an einen anderen Ort umgezogen sind.*

Als ich begann, mit Radionik zu arbeiten, legte John Damonte – ein Radioniker und eine Autorität auf dem Gebiet der Radiästhesie – bei seiner diagnostischen Arbeit großen Wert darauf, festzustellen, ob Negativ-Grün-Energien vorlagen oder nicht – und auch er fiel den Energien zum Opfer, mit denen er umging, und starb früh. Auf die eine oder andere Weise lernte ich viel von John, aber heute fällt mir auf, daß man nur wenig oder gar nichts hört darüber, daß Patienten von Negativ-Grün-Energien beeinträchtigt werden. Vielleicht sind diese Energien immer noch weithin unentdeckt, und so rennen zahllose Praktiker mit dem Kopf gegen die Wand in dem Versuch, die Menschen zu kurieren.

Es gibt eine Reihe von Methoden, um diese aus der Erde kommenden negativen Energien zu »klären« oder zu reduzieren. Eine Möglichkeit ist, die unter dem Haus verlaufende Energielinie aufzuspüren und Metallstäbe außerhalb des Hauses in die Erde zu treiben – etwa wie bei einer Akupunkturbehandlung der Erde. Man kann auch Kupferspulen wickeln und sie an strategisch wichtigen Punkten plazieren. Ich führte kürzlich eine Radionikanalyse bei einer Patientin durch, bei der sich eine auffällige Reihe von Organstörungen herausstellte, aber auch Probleme der feinstofflichen Körper und Chakren. Ich ermittelte geopathische Belastung. Das Muten über dem Grundriß vom Erdgeschoß ihres Hauses ergab eine direkt unter dem Fußboden verlegte Abwasserleitung, die unter dem Bett im Schlafzimmer verlief und dann weiterging unter das Spülbecken in der Küche. Diese Quelle von schädlicher Strahlung wurde mit Hilfe von Kupferdrähten gedämpft, die um die Rohrleitung gewunden wurden, wo diese unter das Haus ging, und auf der anderen Seite, wo sie wieder zum Vorschein kam. Die Patientin gab an, daß sie sich seit ihrem Einzug vor etwa acht Jahren nie richtig wohl gefühlt hatte.

Psychischer Streß wie geopathische Belastung werden jegliche Behandlung zunichte machen, die nicht direkt auf die Ursache abzielt. Unter psychischem Streß verstehe ich alle schweren, täglichen Belastungen, die die Persönlichkeit auf allen Ebenen beeinträchtigen. Sie müssen behandelt werden mit Arzneien aus der Serie der kalifornischen Blütenessenzen, der Bach-Blütenessenzen und der Vielfalt von Edelsteinelixieren, die dazu dienen, die feinstofflichen Körper und Chakren auszugleichen, wobei besonderes Augenmerk auf den Astralkörper und das Solarplexus-Chakra zu richten ist.

Ich meine, wir können auch jene pathologischen Zustände, die von metallischen Toxinen herrühren, in dieses Kapitel mit aufnehmen, will sie aber nur kurz auflisten, um Ihre Aufmerksamkeit auf sie zu lenken, denn hier gilt das gleiche wie bei der geopathischen Belastung: Solange die Quelle nicht beseitigt wird, bessert sich der Gesundheitszustand nicht. Manche dieser Toxine stammen aus Amalgam-Zahnfüllungen; sie können die Gesundheit nachhaltig beeinträchtigen, da Toxine aus Quecksilber und anderen Legierungen in den Körper freigesetzt werden. Im Anhang dieses Buches steht ein Artikel zu diesem Thema, der im *Radionic Quarterly* erschien; er wird Ihnen weitere Information geben. Aluminiumvergiftung durch Kochgeschirr ist eine der Hauptquellen schlechter Gesundheit bei Menschen, die auf dieses Metall empfindlich reagieren. Ich hatte fünf Jahre lang Kolitis wegen des Aluminiumkochgeschirrs, das in meiner Kindheit im elterlichen Haushalt in Gebrauch war.

Vielleicht sind wir jetzt ein wenig von dem Thema Erdenergien abgekommen, aber ich hoffe, Sie mit meinen Hinweisen auf ihre gefährlichen Wirkungen aufmerksam gemacht zu haben. Offenbar gibt es magnetische Punkte auf dieser Erde, die als Quelle von guter Heilungskraft gelten können, aber wir müssen uns nicht nur die positiven, sondern auch die negativen Aspekte jener Strahlungen bewußtmachen, die aus dem lebendigen Körper dieses Planeten hervortreten.

Miasmen scheinen in die Substanz der Erde eingeprägt zu sein, und es war schon immer wichtig, sie bei der radionischen Arbeit aufzuspüren. Während der Niederschrift dieses Buches stieß ich auf einen Artikel über die Miasmen aus der Feder des verstorbenen Damonte, den er mir Anfang der siebziger Jahre gegeben hatte. Als ich ihn durchlas, dachte ich, es wäre ein Jammer, wenn dieses Material ungenutzt in meinem Ordner bliebe, denn es bietet einen exzellenten Einblick in diese krankheitsverursachenden Muster. Ich bin sicher, daß die Lektüre dieser Abhandlung für jeden Praktiker ein Gewinn sein wird. Der vollständige Text von Johns Artikel (einschließlich der ursprünglichen Überschrift) bildet das nun folgende Kapitel; ich habe lediglich das einführende Zitat eingefügt.

12

Die Miasmen.
Eine Studie für Radioniker

von John Damonte

> Die Reduzierung der Summe menschlichen Karmas durch die
> Erfahrung dieses planetaren Krieges (1914-1945) wird es den nach
> Inkarnation strebenden Seelen ermöglichen, Körper zu erschaffen,
> die frei sind von Neigungen zu krankhaften Entwicklungen.
>
> Alice A. Bailey, *Esoterisches Heilen*

Ein größerer Erfolg bei Radionikbefunden ist mit einem Grundwissen von den homöopathischen Prinzipien der Miasmen zu erzielen.

Das Wörterbuch definiert Miasma als: »eine Vergiftung der Luft durch Krankheitskeime oder schädliche Teilchen«, aber das Wort soll hier in seinem homöopathischen Sinne gebraucht werden. In der Homöopathie bezeichnet Miasma eine tiefere Prädisposition, die Krankheit verursacht.

Wir sollten deshalb Ansteckung, Inkubation und Entwicklung der Krankheit als eine Modifizierung der Lebenskraft betrachten. Wenn wir das Miasma als eine vierdimensionale Dynamik sehen – sie umfaßt Lebenskraft, Denken (Psyche), Körper (Soma) und Spezies –, so gab es niemals spontane Heilung oder natürliches Ende ohne einige stereotype, langfristige Veränderungen in aufeinanderfolgenden Generationen.

Dies ist besser zu verstehen, wenn wir eine Krankheit als eine Störung im Gleichgewicht der Lebenskraft betrachten und wahrnehmen können, wenn Störungen in der physiologischen und anatomischen Kontinuität eines lebendigen Organismus vorliegen. Diese Störungen sind nichts weiter als Symptome; Gruppen von Symptomen einer festgelegten Reihenfolge und einer gemeinsamen Ursache nennt man Syndrome. Im Grunde genommen, beschreibt die Pathologie also nur Syndrome.

Da eine kranke Person ein Syndrom präsentiert, das die Züge eines bestimmten Grundthemas trägt, könnten wir durchaus sagen, daß die Erscheinung jedes Individuums von dessen Spezies und seiner eigenen, innewohnenden Natur bestimmt ist.

Die Begriffe Diathese, Konstitution und Krankheitsprädisposition weisen uns darauf hin, daß die Symptomatik – abgesehen von dem Syndrom, das sie bezeichnet – auf irgendeine konstante Weise von der Erscheinung des Individuums oder von seiner individuellen Reaktionsweise abhängig ist. Bei einer akuten Krankheit sollte diese individuelle Reaktionsweise jede nicht-tödliche Krise überwinden. Man kann deshalb ohne weiteres sagen: Eine Symptomatik – selbst wenn sie mit Gewebsuntergang einhergeht – stellt eine Bemühung der Lebenskraft des Individuums dar, ein Gleichgewicht anzustreben und sich dadurch einer neuen Situation anzupassen. Die Krankheit ist eine Verbindung von Symptomen, die im Zusammenhang mit der störenden Ursache stehen und mit einem Mißverhältnis zugunsten der Lebenskraft. Wenn wir diese Gedanken miteinander verknüpfen, könnten wir die Reaktionsweise des Individuums mit dessen Lebenskraft gleichsetzen.

Wir müssen also bei unserer Betrachtung der Krankheit sowohl die Ursache der Störung als auch die Reaktionsweise oder Lebenskraft des Individuums mit allen ihren Charakteristika betrachten. Der Verlauf und schließlich das Ende einer Krankheit hängen davon ab, daß ein effektives Gleichgewicht erreicht wird zwischen der Ursache der Störung und der Reaktionsweise des Individuums.

Diese Reaktionsweise hat zwei hervorstechende Züge: die allgemeine Fähigkeit, sich der störenden Ursache zu widersetzen, und die individuelle Art und Weise, wie sie dies bewerkstelligt. Aber auch bei den Störungsursachen sind zwei Aspekte zu beachten: ihre Kraft und ihre Dauer. Wenn eine Störungsursache schwach oder kurz ist und/oder wenn die Lebenskraft sie wirkungsvoll auszugleichen vermag, ist das Ergebnis ein Symptomen-Zyklus (gleichgültig welchen Namens), der einen Anfang, eine Phase der Fluktuation und ein offenkundiges Ende zeigt. Dies ist die Definition eines akuten Leidens, das man als eine zyklische Krankheit bezeichnet. Wenn die Ursache der Störung von unbestimmter Intensität ist, aber von langer Dauer, und/oder wenn die Lebenskraft schwach ist, haben wir es mit einer azyklischen Krankheit zu tun, besser bekannt als chronisches Leiden. Laut Hahnemann sind chronische Krankheiten auf die Infektion mit einem bestehenden chronischen Miasma zurückzuführen. Hahnemann meint auch, daß man jegliche Infektion oder Ansteckung mit einer chronischen Krankheit aus dynamischer Sicht betrachten sollte, bevor man sie unter dem bakteriologischen Gesichtspunkt beurteilt.

Die Miasmen

Es gibt drei Miasmen: Psora, Syphilis und Sykose. Psora ist das Grundmiasma, die älteste Ansteckung der Lebenskraft, die »tiefere« Ursache, die die Reaktionsweise des dynamischen Prozesses behindert oder reduziert. Syphilis und Sykose sind einander gleichgestellt und existieren nur in Verbindung mit der Psora. Es gibt keine Syphilis an sich, nur Syphilis-Psora; es gibt auch keine Sykose an sich, nur Sykose-Psora. Wahrscheinlich werden wir im Laufe der Zeit auch reine Psora beobachten können.

Jedes Miasma ist eine alte Ansteckung. Wenn das Miasma die Lebenskraft einmal getroffen hat, folgt eine stationäre Phase mit örtlich begrenzter Manifestation, die meist unterdrückt wird. Dann befällt das Miasma tiefere Bereiche, und es kommt zu multiplen Symptomen, die den falschen Anschein erwecken können, mit dem Miasma gar nicht in Verbindung zu stehen. Von diesem Augenblick an steuert die Lebenskraft selbst zum Miasma bei; sie trägt dessen Siegel, während sie ihre eigene Individualität beibehält. Dies führt zu zwei Resultaten: dem hereditären Faktor des Miasmas in der Phase der Entwicklung und dem stabilen symptomatischen Rahmen (miasmatisches Syndrom). Wir müssen ferner bedenken, daß sich das Miasma in der Spezies verbreitet und eine Vielzahl von Aspekten hervorbringt, die in verschiedenen Individuen zu beobachten sind. Um seine Manifestationen zu verstehen, müssen wir uns unbedingt mit der ganzen Symptomatik der homöopathischen Arzneien vertraut machen, die antimiasmatisch wirken. Der chronische Fall kann nur ein kleines Muster des ganzen Mosaiks zeigen.

Um eine stabile Heilung zu erreichen, muß man die Miasmen kennenlernen, studieren und identifizieren. Hier folgen einige Informationen in Kurzform:

1. Miasmen bilden die Basis jedes chronischen Leidens, immer bestimmt von Konstitution und Temperament des Individuums.
2. Miasmen breiten sich unter den Generationen der Spezies aus.
3. Miasmen sind von infektiöser, ansteckender Natur; sie sind dynamisch und können nur auf dynamische Weise ausgelöscht werden.
4. Das wichtigste Miasma ist die Psora, sie liegt hinter jeder Krankheit und bietet dieser die Grundlage.
5. Bei der Behandlung erscheint die Psora als letztes Miasma.
6. Wenn der krankhafte Rahmen ein Komplex von drei Miasmen ist, kann seine Heilung unmöglich werden, wenn wir zusätzlich noch ein anderes »Miasma« medizinischer Ursache finden (»Miasma« im akademischen Sinne), zum Beispiel Vakzinose, Toxine, Gifte, Viren etc.
7. Syphilis und Sykose wurzeln auf dem Nährboden der Psora.
8. Miasmatische Ansteckung ist dynamischer Natur, das heißt, wir finden Acarus[1] in psorischer Haut, Neisseria[2] in sykotischer Schleimhaut und Treponema[3] in syphilitischer Schleimhaut. Es gibt hinreichend Gründe für die Annahme, daß Miasmen ansteckend sind.

---

[1] Milbengattung, zu der z.B. die Krätzemilben gehören (Anm. d. Ü.)

[2] Diplokokken, z.B. Gonorrhö-Erreger (Anm. d. Ü.)

[3] Spirochäten, Bakteriengattung (Anm. .d. Ü.)

9. Das Miasma hat seinen Sitz in der Dynamik, die sich im Körper Ausdruck gibt, es geht über die psychische Sphäre hinaus.

10. In der Praxis sollte man nicht vergessen, daß ein Miasma ein konstitutioneller Zustand ist, der auf widernatürliche Unterdrükkung zurückgeht.

Psora

Psora ist eine schwerwiegende Störung der Lebenskraft; das pathologische Merkmal ist Juckreiz (den ich auch »das ewige Jucken« nenne), der von den oberflächlichsten Schichten bis in die tiefsten Aspekte des Organismus reicht, von Bläschen oder Hautblasen bis hin zu Symptomen von Angst und Epilepsie und einer Vielzahl von psychopathologischen Funktionsstörungen. Die Psora ist das älteste und am weitesten verbreitete Miasma der Menschheit, in seinen oberflächlichen Manifestationen das ansteckendste und das vielseitigste. In verschiedenen Epochen der Geschichte hat es sich aufgrund der Unterdrückung seiner primären, oberflächlichen Ausdrucksformen gewandelt, und diese Unterdrückung führte zu tieferen Ausdrucksformen, die Organe und vegetative Funktionen beeinträchtigen. Früher wurde die Vertiefung dieses Miasmas durch zufällige Maßnahmen verursacht, die seinerzeit mehr oder weniger logisch erschienen, zum Beispiel heiße Bäder, gefolgt vom Gebrauch oder Mißbrauch von Metallen und Metalloiden als Grundlage äußerlich angewendeter Arzneien. Wir können davon ausgehen, daß diese Vertiefung der Miasmen heute sogar noch ausgeprägter ist aufgrund des Konsums von Alkaloiden, Antihistaminika, Hormonen, Antibiotika, Röntgenstrahlen usw. sowohl zu therapeutischen Zwecken als auch zur Diagnose. Berücksichtigen wir auch diese neuen Methoden, ist es logisch, daß heute neue Formen im Menschen zum Vorschein kommen, die die Aufgabe der Homöopathie noch erschweren: das Similimum zu bestimmen. Aus diesem Grunde wird die Radionik ebenso wie die Radiästhesie zur Notwendigkeit für die Homöopathie – vorausgesetzt natürlich, wir bleiben offen genug, um uns durch äußere Faktoren nicht behindern zu lassen. Wir sollten nicht in die Falle treten, hinter Phänomenen herzujagen, die uns von der eigentlichen Aufgabe ablenken, sondern uns unbeirrbar der Kette von Ursache und Wirkung widmen, da wir nun die vierdimensionale Wesensart der Grundursache erkennen.

Am Rande sei hier bemerkt, daß ich den Patienten bei meiner Radionikuntersuchung nach Möglichkeit gerne so befrage, daß die klinische Vorgeschichte zur Sprache kommt, seine früheren Symptome und Krankheiten, seine psychologische Verfassung und die Erbfaktoren und Einflüsse. Dann fasse ich die Möglichkeit ins Auge, die Toxizität zu neutralisieren und auszugleichen, die aus seinem derzeitigen medizinischen Zustand resultiert. Die soeben erwähnten Faktoren gehören wohl zu dem, was man früher im akademischen Sinne als Miasma bezeichnete. Dafür haben wir hervorragende und bewährte homöopathische Arzneien: etwa potenzierte Antibiotika, Nosoden aus Darmbakterien und spezifische Ausleitungsmittel. Ich habe selbst radionische Mittel benutzt, wie etwa spezielle Frequenzen, die bei rasch durchgeführten Tests die psychischen und psychologischen Sphären abdecken. Wenn sie überzeugend festgestellt sind, können die obengenannten Faktoren jemanden auf die gleiche Weise widerstandsfähig gegen die Radionik machen, wie Menschen widerstandsfähig gegen Homöopathie und Allopathie wurden.

An dieser Stelle möchte ich eine Definition einfügen: Radiästhesie ist Aufspüren auf Distanz; Radionik ist Handeln auf Distanz.

Während das Aufspüren in manchen Fällen auf physischer, in anderen auf mentaler Ebene geschieht, bestimmt doch die intellektuelle Kapazität des Aufspürenden den Grad der Genauigkeit des Ergebnisses. Die ganze unauslotbare Wissensquelle des kollektiven Unbewußten steht allen Spürenden zur Verfügung. Trotzdem gilt: Je größer das mentale »Kapital« des Spürenden, desto besser wird er imstande sein, einen feinen »Radarstrahl« zu dem kollektiven Unbewußten auszusenden, um die korrekteste Antwort zu erhalten. Da dies auch für die Radionik als das Handeln auf Distanz gilt, lautet die Antwort auf alle denkbaren Fragen nun: »Gutes Muten zur rechten Zeit und bei guter Konzentration«. So kann man genauere und universellere Frequenzen ermitteln, vor allem bei subjektiven Eindrücken, wenn es beispielsweise um psychische und mentale Frequenzen geht.

Zum Abschluß dieser Bemerkungen möchte ich über weitere Aspekte und die Symptomatik der Miasmen sprechen. Um eine dominante Psora zu bestimmen, müssen wir ihr erstes Erscheinen untersuchen und dabei daran denken, daß dies nur ein Teil des ursprünglichen Zustandes ist und daß es auch Symptomenaggregate gibt, die ihr Fortschreiten widerspiegeln oder das Hinzukommen anderer Miasmen signalisieren.

Bei dominierender Psora könnten wir Symptome in ihrer latenten Form feststellen, die von vielfältigen funktionellen Veränderungen innerer Organe herrühren, und andere, die die Existenz tiefer zellularer Veränderungen bestätigen, die wiederum die mangelhafte Assimilation der zellbildenden Elemente zur Folge haben und die Basis für verschiedenartige degenerative Prozesse bilden, die in der Anatomopathologie (oder Biologie) wohlbekannt sind.

Psorisch-syphilitisch: Bei diesem Zustand handelt es sich um eine fundamentale Veränderung, die die Psora trifft, zu deren bestehendem Hauptthema – der Insuffizienz – nun zusätzlich das Element der Zerstörung kommt, und zwar sowohl in den dynamischen als auch in den körperlichen Sphären bei einem weiten Spektrum von Typen vom psorisch-syphilitischen bis zum syphilitisch-psorischen, jeweils in Übereinstimmung mit dem dominanten psychosomatischen Faktor.

Psorisch-sykotisch: Dies ist eine weitere Modifizierung, die zu einer Übersteigerung im produktiven und possessiven Sinne sowie zu mentaler und körperlicher Unruhe, Besorgnis und Überstürzung führt. Auch diese Kombination präsentiert ein weites Spektrum vo psorisch-sykotischen bis hin zu sykotisch-psorischen Erscheinungsbildern. Somit kann ein Psoriker auf den ersten Blick als generell unterfunktionierend/insuffizient erscheinen, ausgemergelt und zurückhaltend aussehen, aber er kann dick sein, mit schwammigem Gewebe, blaß, langsam, gehemmt durch Furcht oder Angst. Zeigt er mehr Besorgnis und Ängstlichkeit oder Rastlosigkeit oder ist er eher extravertiert, so haben wir einen Psoriker mit sykotischem Einschlag vor uns. Ist er hingegen aggressiv, mißtrauisch und verschwiegen, handelt es sich um einen Sykotiker mit syphilitischem Einschlag.

Syphilis

In der Homöopathie ist dieses Miasma die Folge einer Behinderung der natürlichen Funktion der Haut bei der Herstellung von ausreichend Antikörpern zum generellen organischen Schutz. Die Medikation erweist sich schließlich als ungenügend, da die krankhafte Konstitution fortbesteht und sich als eine starke Beeinträchtigung der

Lebenskraft mit destruktiven Tendenzen von Soma und Psyche äußert.

Die klinische Entwicklung läßt sich folgendermaßen beschreiben: Nach der Ansteckung dringen die Spirochäten rasch in den Blut- und den Lymphstrom ein; die Verletzung erscheint dabei binnen zehn bis neunzig Tagen am Orte der Ansteckung oder Übertragung. Diese primäre Läsion hat das Aussehen eines verhärteten, unempfindlichen Höckers mit geschwüriger Spitze und ist unter dem Namen harter Schanker bekannt. Neben diesem Primäraffekt ist eine Hypertrophie der Lymphknoten festzustellen. In vielen Fällen ist der Schanker so lokalisiert, daß er nicht auffällt (z.B. im Bereich des weiblichen Genitales).

Aus der Sicht von Hahnemanns Medizin stellt der Schanker die sekundäre Störung eines Individuums dar, das bereits die primäre Störung (Psora) trägt. Weil sie ihre spezifischen Charakteristika besitzt, ist sie anfällig für eine eigene Entwicklung und zeigt sekundäre und tertiäre Zustände. (Weitere Einzelheiten finden sich in medizinischen Werken, die die klinischen Aspekte vollständig beschreiben.)

Sykose

Das Wort Sykose geht auf das griechische »sykon« zurück; es bedeutet Warze oder Auswuchs.

Die Sykose ist eine klinische Realität, die sich in Überfunktionen wie katarrhalischen und eliminativen Ausschlägen der Haut sowie der Schleimhäute des Verdauungstraktes, der Atemwege und der Harnwege äußert. Diese Hautausschläge können einhergehen mit Sklerose, Arteriosklerose und der Produktion von gut- oder bösartigen Tumoren, wie Gewächsen, Kondylomen, Melanomen, Warzen, Adenomen und neoplastischen Tumoren an Haut, Schleimhäuten und Eingeweiden.

Der Ursprung ist Gonorrhö, die sich auf psorischem Terrain ansiedelt und die Lebenskraft beeinträchtigt.

Man hat Untersuchungen dieses Miasmas angestellt und gelangte zu mehreren einander widersprechenden Ergebnissen. Wie dem auch sei, werden wir bei dem homöopathischen Konzept bleiben, das ich in seiner gegenwärtigen Form als ausreichend für die Aufgabe der Radionik und Radiästhesie betrachte.

Grundlagen der Klassifizierung

Bei der Klassifizierung von Symptomen sollte man generell bedenken, daß alles, was Insuffizienz oder Mangel anzeigt, auf Psora hinweist, alles, was Verkehrung oder Zerstörung zeigt, sich auf Syphilis bezieht, und alles, was Exzeß, Ausuferung oder Überfunktion zeigt, sich auf Sykose bezieht.

Der Psoriker ist nachdenklich, und seine charakteristische Langsamkeit gibt ihm Zeit dazu. Der Syphilitiker ist destruktiv. Der Sykotiker ist gehetzt; die grundlegende Unruhe seines Miasmas führt ihn zu diesem Verhalten; er ist extravertiert und auffällig.

Der Psoriker ist ängstlich, kann sich aber verstellen; er scheint auf etwas zu warten, das nie eintrifft, das er aber dennoch braucht. Der Syphilitiker ist geplagt, ein tiefverwurzelter und lang anhaltender Zustand. Er kann seine Gefühle nicht verbergen; die Behandlung mit Medikamenten oder gar mit homöopathischen Similia kann zu einer Linderung des Miasmas führen. Der Sykotiker äußert schiere Angst und ist von Natur aus unruhig; seine Nervosität läßt ihn das Schlimmste befürchten.

Der Psoriker ist scheu aufgrund seiner Langsamkeit, seiner Introversion und des vorherrschenden »Hypo«-Faktors. Der Syphilitiker ist grausam aufgrund seiner ausgeprägten Neigung zum Zerstören. Der Sykotiker ist ehrgeizig aufgrund des vorherrschenden »Hyper«-Faktors.

Der Psoriker ist langsam, manchmal unvorsichtig und zuweilen rebellisch; dies gilt auch für alle seine Funktionen. Der Syphilitiker regt sich leicht auf, Leidenschaft stößt ihn ab, und er ist zu den schlimmsten Taten imstande. Der Sykotiker handelt nervös und voreilig.

In der Gefahr erstarrt der Psoriker wie gelähmt; der Syphilitiker greift selbst Stärkere an nach dem Motto »vernichten oder vernichtet werden«; der Sykotiker zögert, zieht sich zurück und denkt hinterher, daß er sich der Situation wirklich hätte stellen können.

Der Psoriker ist traurig und niedergeschlagen, wie es seinem Miasma entspricht; der Syphilitiker ist ein sentimental-leidenschaftlicher Mensch, und seine ungeordneten Gefühle können ihn zur Zerstörung, ja Selbstvernichtung führen. Der Sykotiker scheint gestreßt und muß so sein, weil körperliche und mentale Rastlosigkeit ihn beherrschen.

Der Psoriker ist aufgrund seiner unbefriedigten Bedürfnisse reizbar und schlecht gelaunt; der Syphilitiker ist cholerisch, aber schnell zufriedenzustellen; der Sykotiker ist jähzornig, grob und ungehobelt, zieht sich aber rasch unter Entschuldigungen zurück, um seine Überreaktion wiedergutzumachen.

Die Arbeitsteilung bei einem Verbrechen, etwa einem Raub, sähe folgendermaßen aus: Der Psoriker plant die Tat, denn er ist besonnen, vorausschauend und kann nicht stehlen (solange er nicht psorisch-sykotisch belastet ist). Der Syphilitiker mit seinen destruktiven Neigungen greift die Wachen an, und der Sykotiker mit seiner Besitzgier führt den eigentlichen Raub durch.

Der psorische Liebhaber ist eher nachdenklich und besinnlich (Masturbation gehört zu seinen Markenzeichen), der Syphilitiker kann die ganze Zeit an Sex denken und auf die schlimmsten Perversitäten verfallen (Destruktion der Spezies); der Sykotiker ist sinnlich und neigt zu sexuellen Exzessen, zudem ist er zynisch und prahlt gerne mit seinen Erfolgen.

Das Gedächtnis des Psorikers ist schlecht. Er versteht wohl, was gesagt wird oder was er liest, aber er kann sich nur schwer daran erinnern. Was er sich jedoch einmal eingeprägt hat, das geht ihm nicht mehr verloren. Der Syphilitiker erinnert sich nicht an Erlebnisse aus jüngerer Zeit, behält aber weiter zurückliegende Ereignisse in ihrer chronologischen Reihenfolge. (Dieses Phänomen offenbart die wirklich tiefen Wurzeln des Miasmas, das Ereignisse der Vergangenheit bewahrt). Der Sykotiker hat aufgrund seiner Tendenz zu überstürztem Handeln ein reges Gedächtnis und zeichnet alles auf. Er besitzt das Unterscheidungsvermögen, um festzustellen, was sich lohnt, der Erinnerung anvertraut zu werden, bringt aber nicht genügend Geduld auf, um sich hinzusetzen und zu studieren.

Der Psoriker ist erschöpft von seinen physischen Hochs und Tiefs, die zu weiteren Mängeln aller Art führen – besonders wenn nur die Symptome behandelt werden, sei es nun durch Homöopathie oder mit Radionik. Der Syphilitiker ist enttäuscht, weil sein Zustand von Natur aus zur Verschlimmerung tendiert, besonders wenn eine Geschwürbildung unterdrückt worden ist; von seiner Enttäuschung kann er ins

Verzagen absinken. Der Sykotiker hat ein sehr reges Denken und tendiert zu großzügigen Übertreibungen.

Der Psoriker neigt zu gedanklicher Verwirrung; hinterher ist er immer klüger, und schriftlich vermag er gut zu argumentieren. Der Syphilitiker zeigt in Phasen der Verschlimmerung seines Miasmas gedankliche Ausfälle. Der Sykotiker ist schlagfertig und im verbalen Schlagabtausch gefährlich, hat aber keine Tiefe. Seine Unruhe zwingt ihn, sich an allem zu beteiligen, und so übernimmt er mehr, als er handhaben kann.

Der Psoriker kann wohl an den Tod denken, wird aber nie den Freitod wählen. Der Syphilitiker denkt an den eigenen Tod und den Tod anderer ... aber er kann seine Gefühle verbergen und spricht nicht darüber; so kann sein Selbstmord sehr überraschend erscheinen. Der Sykotiker ist von seinem Naturell her zum Suizid fähig. Er kündigt jedoch seine Absichten an und sorgt dafür, daß jemand um ihn ist, der ihn rechtzeitig rettet.

Folgende weiteren Züge können in den drei Miasmen erscheinen:

Aggression: Der Psoriker kann aggressiv sein, wenn ihm kein anderer Ausweg bleibt. Der Sykotiker kann aggressiv sein und will vor anderen mutig erscheinen, aber er ist auch rasch bereit, Zugeständnisse zu machen oder auf einen Kompromiß einzugehen. Der Syphilitiker ist aggressiv aus Groll und Haß.

Eifersucht: Der Psoriker unterschätzt sich, während er das Ziel seiner Liebe überschätzt. Der Syphilitiker ist von Hause aus eifersüchtig ohne Rücksicht auf sich selbst oder das Ziel seiner Eifersucht. Er kann töten oder Selbstmord begehen, und er kann seine Geliebte oder ihren Verführer kaltblütig ermorden, wohl wissend, welche Strafe er damit in Kauf nimmt. Der Sykotiker ist sich seiner Überlegenheit gegenüber jeglichem Rivalen sicher, und jegliche Aufmerksamkeit, die andere dem Ziel seiner Liebe schenken, hält er für würdelos.

Alkoholismus: Es scheint auf der Hand zu liegen, daß der Syphilitiker die Neigung zum Trinken für sein Monopol hält, aber wir finden sie auch bei den anderen Miasmen. Der psorische Alkoholiker trinkt, um sein Bedürfnis zu stillen, greift aber nur allein oder mit sehr engen Freunden zur Flasche, weil er von Natur aus scheu ist. Der Syphilitiker trinkt aufgrund seiner Tendenz zur Selbstzerstörung und ist als Alkoholiker am schwierigsten zu heilen. Der Sykotiker kann viel trinken und rühmt sich seiner Trinkfestigkeit. Er stellt den Typ des Gastgebers dar, der seine Freunde einlädt und ein Bündel Banknoten aus der Tasche zieht, um die Zeche zu bezahlen.

Schlaflosigkeit: Der Psoriker kann nicht schlafen, weil ihm zu viele Gedanken durch den Kopf gehen; der Syphilitiker wird von seinen Ideen gequält, und der Sykotiker ist mental und körperlich unruhig.

Träume (nur in Beispielen): Der Psoriker vergißt seine Träume und träumt meist nur kurz vor dem Erwachen. Der Syphilitiker träumt von Mord, Unfall und Absurditäten. Der Sykotiker hat angenehme Träume von großen Diners, Geld, Veränderungen oder Umzügen, doch er kann auch furchterregende Träume haben. Beim Erwachen erscheinen ihm die Träume real.

Verdauungssystem: Der Psoriker verdaut nicht gut (Unterfunktion). Der Syphilitiker hat eine ungeordnete Verdauung. Der Sykotiker ist überernährt (Überfunktion).

Andere Körperfunktionen: Die Ausscheidungen des Psorikers sind beträchtlich, die des Syphilitikers blutig, die des Sykotikers eitrig. Die Menses einer Psorikerin sind nur von kurzer Dauer und/oder verzögert; die der Syphilitikerin sind unregelmäßig in Quantität und Abstand; die der Sykotikerin reichlich und/oder schmerzhaft.

Harnwege: Der Psoriker neigt zu mühsamer Blasenentleerung; erschwerend wirkt eine Entzündung aufgrund einer Behinderung der Harnwege. Beim Syphilitiker führt eine Behinderung der Harnwege zur Ulzeration, d.h. zu Beschwerden beim Wasserlassen und blutigem Harn. Der Sykotiker hat einen reichlichen, leicht übelriechenden Harn; eine Behinderung der Harnwege ist oft auf einen Tumor zurückzuführen.

Atemwege: Der Psoriker hat klaren Schleim und Auswurf. Der Syphilitiker hustet blutigen Schleim und leidet auch unter Nasenbluten. Der Sykotiker hat eine typische Neigung zu Erkältungen und Nebenhöhlenkatarrhen. Der Tuberculinum-Typ ist vorwiegend psorisch; je nach proliferativer oder destruktiver Tendenz ist er sykotisch-psorisch oder syphilitisch-psorisch. Die Tuberkulose bietet uns also nicht genügend selbständige Symptome, um als Miasma zu gelten. Sie ist eine Krankheit wie jede andere bakteriell verursachte, und ihre Malignität hängt von der miasmatischen Grundstimmung ab. Doch aufgrund der Subtilität der radionischen Diagnose neige ich dazu, die Tuberkulose als Miasma – im akademischen Sinne – anzuerkennen. Dabei geht es mir um Remanenz und erbliche Faktoren für Diagnose, Prognose und Forschung.

Haut: Die Haut des Psorikers weist Juckreiz mit nicht-eitrigen und blutlosen Sekreten auf. Beim Syphilitiker ist Blut im Sekret; der Sykotiker hat eiternde Infektionen mit verschiedenen Wucherungen. Tumore gehören grundsätzlich zum sykotischen Typ, werden aber erst durch eine Kombination der drei Miasmen bösartig; die Prognose ist dabei vom dominierenden Miasma abhängig. Ein an Krebs erkrankter Psoriker lebt länger, die Symptome sind milder; dabei denkt er, daß sein Leiden nicht zu heilen sei. Der krebskranke Syphilitiker stirbt infolge der Destruktion auf Zellebene. Der sykotische Krebspatient wird massiv und rasch erkranken. Auch hier muß man den Krebs nicht als selbständiges, konstitutionelles Miasma betrachten, und es gilt das gleiche, was bereits über die Tuberkulose gesagt wurde.

Modalitäten: Jedes Miasma hat seine eigenen Charakteristika. Der Psoriker kann zu jeder Tages- oder Nachtzeit eine Verschlimmerung erleiden; die schlimmste Zeit ist um 12 Uhr mittags. Der Syphilitiker ist nachts am meisten geplagt. Der Sykotiker erlebt eine Besserung seiner Beschwerden bei Sonnenuntergang. Kälte wirkt beim Psoriker verschlimmernd; Wärme beim Syphilitiker und Temperaturveränderung allgemein beim Sykotiker.

Altersabhängige Eigenheiten: Der neugeborene Psoriker kann eine empfindliche Haut haben, eine weit offene Fontanelle, einen recht großen Kopf sowie eine Neigung zu Hautausschlägen und -entzündungen. Er fühlt sich besser durch Schwitzen und läßt sich gerne zudecken. Der neugeborene Syphilitiker kann Mißbildungen aufweisen. Er neigt zu Nabelblutungen und zur Gelbsucht. Er schläft tagsüber und schreit und schwitzt in der Nacht. Das Schwitzen wird nicht besser, und er ist nicht gerne zugedeckt, weil er die Kühle vorzieht.

Der neugeborene Sykotiker kann Augenerkrankungen haben und ist anfällig für Infektionen. Er schwitzt leicht, wenn er zugedeckt ist; sein Atmungssystem ist träge. Er zeigt die Tendenz, sich nachts bloßzustrampeln; im Schlaf ist er unruhig.

Später hat der Psoriker Verdauungsstörungen und ist nur schwer zu entwöhnen; das Problem liegt nicht so sehr in der Wahl der Ernährung als in der Wesensart des Kindes. Der Syphilitiker hat Schwierigkeiten beim Saugen, zeigt einen guten Appetit und bevorzugt alles, was sich bereits als instabil erwiesen hat; sein Stuhl ist stinkend und zeigt möglicherweise Spuren von Blut. Der Sykotiker ißt gut und nimmt zu; seine Ausscheidungen sind reichlich, und er reagiert empfindlich auf Temperaturveränderungen.

Das psorische Vorschulkind ist zurückhaltend und leicht zu zügeln, das syphilitische ist destruktiv, das sykotische unruhig und nervös.

Das psorische Schulkind ist langsam beim Auswendiglernen und muß sich mehr Mühe geben als andere; was es jedoch einmal gelernt hat, behält es zuverlässig. Bei Spiel und Sport wirkt es unbeholfen und zeigt unterdurchschnittliche Leistungen. Das syphilitische Schulkind setzt sich durch; es hat miserable Manieren und zeigt Grausamkeit gegenüber Tieren oder schwächeren Kindern. Das sykotische Schulkind bringt auch dann gute Noten nach Hause, wenn es weniger arbeitet als andere; es ist zufrieden, seine Prüfungen zu bestehen, bewährt sich bei Spiel und Sport und liebt körperliche Aktivität generell.

Der psorische Teenager hat Schwierigkeiten sich anzupassen; er ist eher introvertiert, und die Pubertät erweist sich als eine sehr schwierige Zeit. Der syphilitische Teenager schafft alle möglichen Probleme, die für den Jugendlichen typisch sind, und zeigt sich

Autoritätspersonen gegenüber aufmüpfig bis rebellisch. Der sykotische Teenager hat Probleme, ein bestimmtes Ziel zu erreichen; er versucht alles, zeigt jedoch keine Ausdauer und muß am Ende möglicherweise die Schule verlassen, um Geld zu verdienen; am liebsten baut er Luftschlösser.

Der älterer Psoriker hat eine trockene, vom Wetter gegerbte Haut; im Alter ist er traurig und fühlt sich unverstanden. Er ist eigensinnig und versucht, den Nachkommen seine konservativen Ansichten zu oktroyieren, während er geduldig auf den Tod wartet; sein Ende ist charakterisiert durch organische Unterfunktion/Insuffizienz und niedrigen Blutdruck. Der ältere Syphilitiker ist ein Nonkonformist, der gegen alles und jedes opponiert und seiner Umgebung das Leben unerträglich macht. Sein Ende ist charakterisiert durch Ulzerationen aller Art; er zeigt Arteriosklerose und senile Demenz sowie innere destruktive Prozesse. Der ältere Psychotiker manifestiert alle möglichen Hauterscheinungen an allen Teilen des Körpers. Er ist reizbar, leicht erregbar und launisch; im Alter ist er ruhelos. Trotz seiner offensichtlichen Aktivität stirbt er an Tumoren.

Dies waren, kurz zusammengefaßt, die Erscheinungsbilder der verschiedenen Miasmen. Natürlich treten die Merkmale der Miasmen vor allem dann hervor, wenn das Gleichgewicht des Menschen empfindlich gestört ist und bleibt. Dabei erscheinen die Anzeichen einzelner Miasmen oder einer Kombination von Belastungen und erzeugen so ein ganzes Spektrum mehr oder weniger deutlich ausgeprägter Symptome, die heute mittels Radionik oder Radiästhesie bestimmt werden können. Dieser Befund öffnet – mit der Entdeckung weiterer Störungen und verschiedener Kausalketten – den Weg zur rascheren Genesung und zur Minderung der Rückfallswahrscheinlichkeit.

Psora ist also eine Störung des Gleichgewichts, die mit charakteristischen Defekten, Insuffizienzen und Behinderungen einhergeht. Sie ist eine Veränderung des natürlichen Rhythmus im Sinne einer Reduzierung; das Individuum tendiert zu »nicht sein«, »nicht haben« und »nicht tun« in Denken und Körper. – Beim Syphilis-Miasma greift die Störung des Gleichgewichts bis tief hinein zu jener Konstante, die den Rhythmus der Destruktion, des Abbaus bestimmt; daraus erklärt sich ihr verkehrter Charakter, erkennbar an offener und versteckter Aggression. Auch hier handelt es sich wieder um eine Verkehrung von »Sein«, »Haben« und »Tun«. – Der Sykotiker zeigt eine Konstitution, die aus bewußten oder widernatürlichen Unterdrückungen oder Ausscheidungen resultiert. Das Miasma disponiert zu Neoplasmen und bestätigt damit sein typisches Merkmal der Übertreibung aus dem unüberlegten Streben nach Lust. Dies ist der »Muß sein«-, »Muß haben«- und »Muß tun«-Aspekt.

Die Miasmen aus anderer Sicht

Manche Leser finden nicht so leicht Gefallen an der Lehre der Homöopathie oder vermögen diese nicht ganz zu übernehmen, wieder andere finden keinen Zugang zur Radionik, sondern bevorzugen die physische oder mentale Radiästhesie. Wir wissen, daß die homöopathische Literatur ein vollständiges Mosaik von Symptomen und auch die entsprechenden Arzneien anbietet, und sowohl der Radioniker als auch der Radiästhesist spüren Störungen des Gleichgewichts auf. Zuweilen entstehen dabei Widersprüche, die Zweifel aufkommen lassen. Wir wissen auch, daß man sich – ausgenommen vielleicht die »reinen« Forscher auf beiden Gebieten – vor allem der Diagnose und der Behandlung widmen möchte. Wenn dies erfolgt ist, bleibt der Patient immer die letzte Instanz, die entscheidet, ob weitere Hilfe benötigt wird oder nicht. Wie oberflächlich oder tiefschürfend unsere Untersuchungen auch ausfallen, stehen sie doch ständig im Schatten des Begriffs Gesundheit – und einer Vielzahl von Überlegungen aus früheren Kulturen bis zum heutigen Tage. Gesundheit ist deshalb ein intellektueller Begriff, dessen Wert von dem mentalen Kaliber des einzelnen abhängig ist. Klinisch ebenso wie philosophisch ist Gesundheit gleichzusetzen mit *Leben*.

Für den Menschen ist das Leben mit einem Anfang und einem Ende verbunden, und das letzte Ziel, der Tod, existiert für den menschlichen Organismus bereits bei der Geburt. Können wir uns das Leben also als eine gerade Linie von A nach B vorstellen? Gewiß nicht, denn es würde bedeuten, daß nichts zerfällt oder Störungen erleidet. Die Linie, die A und B miteinander verbindet, ist eine oszillierende, schwankende; sie zeigt Erschütterungen, Stöße und die Reaktionen darauf. Die Wiederherstellung des Gleichgewichts wäre das Resultat aller Schwankungen der einzelnen Bestandteile, nämlich Zellen, Gewebe, Organe, Bewegungsapparat und Nervensystem.

Um diesen Oszillationsbegriff zu verstehen, wollen wir die Zelle untersuchen, die eine Einheit für sich mit eigener elektromagnetischer Dynamik ist. Sie besteht aus dem positiven Kern, der negativen Membran und dem neutralen Protoplasma. Wenn die positiven und negativen Ladungen im Gleichgewicht sind, nennt man die Zelle gesund. In diesem Falle befinden sich die chemischen und physikalischen Elemente des Protoplasmas (nämlich Eisen, Kalzium, Phosphate, Chlor, Kalium, Schwefel usw.) in einem geordneten Gleichgewichtszustand. Könnte man die elektromagnetischen Ladungen, die vom positiven Kern zur negativen Membran gehen, mit Hilfe eines

Oszilloskops beobachten, sähe man, wie die Oszillationen zwischen den beiden Polen in diesem Gleichgewicht bleiben.

Doch diese Oszillation ist empfänglich für Einflüsse aus äußeren oder selbsterzeugten Quellen. Wenn diese Quellen nicht mit dem existierenden Gleichgewicht harmonieren, kommt es zu einer Störung. Wir müssen ferner davon ausgehen, daß diese Oszillationen in Relation zu Größe und Dynamik der Masse stehen, ungeachtet der Tatsache, daß die Größe sich im Mikronbereich bewegt und Oszillationen in der Größenordnung von Mikrofrequenzen erzeugt.

Die Veränderung dieser Oszillationen kann auf Impulse von Emotivität, Ängstlichkeit oder Frustration zurückzuführen sein, die über Reflexmechanismen wirken und so den Kreis Hypophyse-Hypothalamus-Nebennieren anregen, Glukokortikoide und Mineralokortikoide freizusetzen (was man bei jungen Menschen am Erröten, bei anderen am Herzklopfen erkennen kann). Diese Störung des Gleichgewichts geschieht augenblicklich und hinterläßt nur dann Spuren in den Zellen, wenn die Impulse, die sie hervorrufen, häufig und dauerhaft werden. Im Falle von »Aggressionen von außen« – durch Bakterien oder Viren – gibt es immer einen Angriff mit dem Versuch, geeignete Überlebensbedingungen einzurichten, eine Art von Symbiose. Die Bakterien wirken von außen auf die Zelle ein, und das Virus versucht, im Innern der Zelle zu agieren und eine Endobiose zu erreichen. In welcher Form auch immer, haben doch beide ihre eigene, innewohnende Dynamik und zeigen ihre eigenen, oszillierenden Kurven. Die Berührung zwischen menschlicher Zelle und Krankheitserreger erzeugt eine Schlacht von Oszillationen. Wenn die Zelle dynamisch und mit entsprechender Energie oszilliert, überwindet sie den Erreger und vernichtet ihn. Ist die Dynamik des Krankheitskeimes stärker, unterliegt die Zelle. Wenn die Zelle gewinnt, bleibt sie physisch unverletzt, behält aber in ihrer chemischen Struktur elektromagnetische Einflüsse (oder Parasiten). Wir können dies der Wirkung des Miasma-Einflusses zuschreiben.

Die Viren infiltrieren die Zellen und versuchen, als »Hausbesetzer« darin zu leben (die Dauer dieses Zustandes könnte die chronischen Krankheiten erklären und Hahnemanns Miasmenlehre verständlicher machen) und eine Art von Gleichgewicht mit der Wirtszelle herzustellen. Dieses Gleichgewicht kann durch jeden Streß gestört werden, die zur Schwächung der elektromagnetischen Dynamik führt – und schon wird der Weg frei zur Erkrankung. In allen Fällen handelt es sich um einen Kampf um das elektromagnetische Gleichgewicht, um einen Kampf zwischen Anpassung einerseits und Destruktion andererseits.

Wie dieser Vorgang auch funktioniert, müssen wir doch im Sinne behalten, daß die Elemente und Spurenelemente im Protoplasma (Eisen, Natrium, Chlor etc.) ebenfalls ihre Plus/Minus-Polarität besitzen. Auguste Lumiere bezeichnete das Leben als kolloidales Gleichgewicht, dessen Zusammenbruch den Tod bedeute.

Dies alles geschieht auf der Ebene des organischen Mikrokreislaufs. Man weiß, daß der Hauptzweck des Kreislaufsystems darin besteht, den Zellen die für ihren Stoffwechsel und ihre vitale Stetigkeit notwendigen Substanzen zu bringen, sowie als Bahn zur Ausscheidung zu dienen und der Zelle zu ermöglichen, in einer gut erhaltenen Umgebung zu leben.

Das Herz, die Arterien und die Venen sind also einfach Leitbahnen für das Blut. Sie bedienen die Kapillaren, diese wiederum versorgen die Zellen. Auf dieser Ebene sollte man besser von einer funktionellen Einheit sprechen als von einem Kapillarsystem. Man nennt diese Funktion auch die »kapillare Milchstraße«. Als man sie

mit speziellen Geräten untersuchte, entdeckte man, daß die Kapillar-
gefäße wie die platte Oberfläche einer glatten Schicht flacher Epithel-
zellen geformt sind; die Kapillarwände sind ein Vierhundertstel
Millimeter dünn. Diese Struktur bedeckt auch die Innenseiten der
anderen Blutgefäße sowie die Herzwände. Das Blut wird also in dieser
zellularen Konstruktion gehalten. Die Kapillaren selbst besitzen keine
Muskeln und können deshalb nicht kontrahieren. Aber da sie trotzdem eine kontrahierende Bewegung aufweisen, können wir nur
folgern, daß diese Bewegungen vom Rhythmus der elektromagnetischen Oszillationen bestimmt werden. Mehr brauchen wir hier an
wissenschaftlichen Informationen nicht mitzuteilen, da wir nun an
einen Punkt gelangen, an dem wir zum elektromagnetischen Begriff
des Lebens übergehen können.

Wenn also die Gesundheit beeinträchtigt ist, ist auch die kapillare
Milchstraße innerhalb einer gewissen Toleranzgrenze in ihrem elektromagnetischen Gleichgewicht gestört, was die Basis einer miasmatischen Konstitution bildet. Warum sollte eine solche Störung des
Gleichgewichts nicht auch irgendwann die Gene erreichen können
über Eiweißsäuren, die in ihrer spiralförmigen Struktur ebenfalls aus
dem Gleichgewicht geraten sind, und auf genetischer Ebene eine
miasmatische Prädisposition erzeugen? Wenn wir beispielsweise das
Syphilismiasma verstehen wollen, können wir uns ein gerades Stück
Draht vorstellen, das zwischen seinen beiden Polen im Gleichgewicht
ist. Wenn wir dieses Gleichgewicht dann stören, indem wir einen
Strom durch den Draht leiten, stellen wir eine Entladung des indu-
zierten Stromes fest. Wir bilden nun mit dem Draht ein Wellenmu-
ster, um seine Induktionskapazität zu erhöhen. Wir können diese
Kapazität weiter erhöhen, indem wir den Draht zu einer Spirale
winden. Hier nähern wir uns der Form der Syphilisviren (Spirochä-

ten). Aus der Sicht der Homöopathie haben wir die Stärke und tief-
wurzelnden Funktionen des Syphilismiasmas betrachtet und sehen
nun das gleiche Phänomen im Zusammenhang elektromagnetischer
Fakten.

Dies erklärt uns auch die Präzision der durch Radionik und
Radiästhesie ermittelten Befunde von organischen Funktionen, bei
denen Störungen des Gleichgewichts aufzuspüren sind, die sich
anderen diagnostischen Methoden meist entziehen.

Im Lichte all dieser Erkenntnisse und Informationen habe ich
persönlich das elektromagnetische Wechselspiel der Spurenelemente
mit den Zellen wie folgt geordnet, um den schwachen Punkt zu
finden, der aus so mancher chronischen, tiefen Störung des Gleichgewichts resultiert. Zweifellos können viele Leser diese vorläufigen
Ergebnisse prüfen, und ich hoffe, daß ein anderer die gleichen
Verbindungen und Zusammenhänge bereits entdeckt hat. Mangel an
einem der folgenden Spurenelemente zeigt sich an Störungen des
nebenstehenden Organs.

Ruthenium	Darm
Hafnium	Pankreas
Rhodium und Tantalum	Nieren
Rhenium	Hoden
Lutetium	Blase
Erbium, Gadolinium,	
Thulium, Ytterbium,	Milz
Gallium und Indium	Eierstöcke
Samarium	Thymus
Neodymium	Nebenschilddrüse
Praseodymium	Nebennieren
Lanthanum	Hypophyse
Yttrium, Columbium, Terbium,	endokrine Drüsen und
Holmium und Dysprosium	insbesondere Schilddrüse

Diese Korrelationen müssen natürlich eingehender erforscht bewiesen werden, da diese Untersuchungen vielleicht nur ein Anfang sind.

Bevor ich diese Arbeit schließe, möchte ich einen weiteren Aspekt der elektromagnetischen Störung aufgrund vorübergehender Impulse (wie Emotionen, Depression, Frustration, Schuldgefühl, Reue, Haß etc.) erwähnen, weil auch diese den Menschen und seine Konstitution insgesamt beeinträchtigen – und an seine Nachkommen weitergereicht werden können in jener empfänglichen Verfassung im Augenblick der Zeugung. Ob diese Impulse nun vorübergehend oder von Dauer sind, so vermögen sie doch den miasmatischen Zustand zu beeinflussen – möglicherweise stärker, als daß es sich innerhalb sicherer Grenzen hielte. Wenn es in diesem Augenblick zur Fortpflanzung kommt, würde das entstehende Gewebe eine Prägung oder ein Engramm des Augenblicks erhalten, die ihm eine Prädisposition der ursprünglichen miasmatischen Auswirkungen mitgäbe. Ist dies etwa eine weitere Antwort auf die Frage nach der Krebsdisposition?

Ich hoffe, nun einige Lücken gefüllt und Denkanstöße gegeben zu haben in Richtung auf ein besseres Verstehen der verschiedenen Ursache-Wirkungs-Ketten, auf die wir bei der radionischen Befunderstellung stoßen. Unsere Skalen, Werte, Frequenzen und Methoden, unsere Programme zur Heilung und unsere Überweisungen an Spezialisten haben diese neue Sehweise vielleicht schon berücksichtigt. Doch ich meine, je mehr Hintergrundwissen und Informationen wir auf allen Gebieten des Heilens austauschen können – in allen Bereichen der Psychologie und Forschung und über alle Fallbeispiele –, desto reicher werden unsere Methoden, und desto mehr Erfolg werden wir mit ihnen erlangen bei all den Freunden, die ihr Vertrauen in uns setzen.

13

Ausrichtung und Polarisierung

Zuerst ist es notwendig, zu erkennen, was falsche Schwingung ist,
und daß man imstande ist, Reaktion wahrzunehmen.

Alice A. Bailey, *Eine Abhandlung über Weiße Magie*

In den vorausgegangenen Kapiteln habe ich ein- oder zweimal die
Gefahren erwähnt, in die man sich begibt, wenn man auf dem Gebiet
der Radionik oder der Radiästhesie arbeitet, und daß die subtilen
Wesensaspekte allen möglichen Energien und Kräften ausgesetzt
werden, von denen manche mit Sicherheit schädlich sein können. In
jeder Heilpraxis, ob der orthodoxen oder der alternativen Medizin,
herrscht die gleiche Gefahr: Der Praktiker ist Energien ausgesetzt, die
ihm schaden können. Dies gilt für die Radionikarbeit noch mehr als
für jede andere, weil die Aurafelder des Praktikers und des Patienten
sich miteinander verbinden. Wenn sich nun pathologische Energien
im Feld des Patienten befinden, die stark und überaus aktiv sind, so
entladen sie sich blitzartig in das Feld des Praktikers. Wenn die
Ladung nicht so hoch ist, läuft dieser Prozeß eher schleichend ab. Ich
denke, daß schon jeder Praktiker einmal das Gefühl der Schwächung

erlebt hat, nachdem er einen Patienten aus der Ferne behandelte oder nach einem Telefonanruf, der eine intensive Diskussion über Symptome oder das eine oder andere Unglück zum Inhalt hatte.

Wenn Sie diese Art von Kontakt mit der Zahl der täglich behandelten Patienten multiplizieren und in Betracht ziehen, daß die Patientenflut aus Menschen besteht, die alle das eine oder andere Gebrechen haben, dann addieren sich alle die unausgeglichenen Energien zu einem Energiefeld, mit dem Sie sich jedesmal verbinden, wenn Sie von einem Patienten konsultiert werden, wenn Sie eine Analyse erstellen oder eine Behandlung geben. Ich denke, in Radionikerkreisen erkennt man mehr und mehr, daß eine sehr reale Gefahr existiert; die Frage ist nur: Wie ist damit umzugehen?

Der erste Impuls ist wohl der Wunsch, so etwas wie eine Schutzmaßnahme zu finden. Auf der einfachsten Ebene wird sie aus Mitteln wie Edelsteinelixier-Mischungen oder verschiedenen anderen Substanzen, etwa Magneten, bestehen; ich habe sogar schon Aufkleber auf Diagnose- und Behandlungsgeräten gesehen, die magische Zahlen trugen. Der nächste Impuls ist, eine Art schützender Hülle aus Energie aufzubauen, um die negativen Einflüsse in Schranken zu halten. Doch keiner dieser Wege wird das Problem langfristig lösen.

In Baileys *Abhandlung über Weiße Magie* wird dieses Problem sehr detailliert und unter vielen Gesichtspunkten behandelt.

Das Ansprechen auf falsche Schwingung wird nicht grundsätzlich verhindert durch Methoden wie »eine Schutzhülle aufbauen« oder »sich isolieren«, auch nicht durch die Kraft von Mantra und Visualisierung. Beides sind vorläufige Mittel, durch die jene sich zu schützen trachten, die noch einiges zu lernen haben. Das Aufbauen einer Schutzhülle führt zum Getrenntsein, wie ihr sehr wohl wißt, und macht schließlich das Überwinden der Gewohnheit des Hüllenbauens notwendig, das heißt ein Zerbrechen und Auflösen der bereits gebauten Hüllen.

Schützende Hüllen zu bauen bedeutet, Barrieren zu bauen, die schließlich die guten Einflüsse ebenso ausschließen wie die negativen. Die Hüllen werden am Ende zu einem Gefängnis, durch das selbst das transpersonale Selbst nicht hindurchdringen kann.

Wahrer Schutz ist jedoch auf mehreren Wegen zu erreichen, die man zusammenfassen kann in den Worten: Ausrichtung und Polarisierung. Doch was verstehe ich unter Ausrichtung und Polarisierung?

Ausrichtung ist die innere Einstellung auf das höhere Selbst oder die Seele; sie muß zu einer ständigen, täglichen Gewohnheit werden. Dabei werden unser niederer Mentalkörper, unser Astral- und der Ätherleib auf Höheres ausgerichtet. Sind wir beispielsweise auf unseren Astralkörper konzentriert, so ist dies keine Ausrichtung, weil wir auf dieser Ebene noch reagieren und in Resonanz geraten mit den Strömungen der Astralenergie, die aus einer Vielzahl von Quellen in unser Astralfeld fließen. Die Ausrichtung auf die Seele ist nicht leicht zu erlangen; haben wir sie aber erst erreicht, macht sich zunächst ein ununterbrochener Sog astraler Energien und Aktivitäten bemerkbar, aus unserer unmittelbaren Umgebung oder sogar aus einiger Entfernung.

Um den Begriff Ausrichtung besser zu verdeutlichen, möchte ich auf das Modell von der linken und rechten Gehirnhälfte zurückgreifen, über das ich bereits im letzten Buch schrieb. Die linke Hemisphäre des Gehirns wird für logische Denkvorgänge gebraucht, die rechte für intuitive. Das rechte Gehirn können wir als das höhere Denken betrachten oder, wie Paulus es nannte, »das Denken in Christus«; das ist die Ebene der Seele. Das niedere, konkrete Denken ist das fleischliche Denken, von dem Paulus sprach. Wenn Sie also alle sieben Bewußtseinsebenen betrachten, sehen Sie diese beiden Ebenen klar illustriert.

Bei der Radionikarbeit müssen Sie ausgerichtet sein, das heißt, sie müssen sich in einem einigermaßen guten Zustand der Resonanzfähigkeit befinden, und – das ist gleichermaßen wichtig, wenn nicht noch wichtiger – die astralen und buddhischen Aspekte des Praktikers müssen so weit wie irgend möglich aufeinander ausgerichtet sein. Die Ausrichtung bringt die niederen Körper in Resonanz mit ihren höheren Entsprechungen, und dies ist nur zu erreichen, indem man den Brennpunkt der inneren Aufmerksamkeit vom niederen Bewußtsein auf höhere Ebenen hebt.

Da unsere Chakren die Zugangstore zu allen Ebenen sind, sind sie bei dem Vorgang der Ausrichtung natürlich beteiligt, und die Chakren, durch die wir unsere Radionikarbeit leisten, werden bestimmen, wie gut wir dabei geschützt sind. Aus der folgenden Tabelle können Sie die Entsprechungen von Strahlen, Ebenen und Chakren ablesen.

Strahl	Ebene	Qualität	Chakra
1	Adi	reiner Geist	Scheitel
2	Anupadaka	monadisch	Herz
3	atmisch	Wille	Kehle
4	buddhisch	Intuition	Stirn
5	manasisch	Denken	Kreuzbein
6	astral	Fühlen	Solarplexus
7	ätherisch	–	Basis

Ist ein Praktiker in seinem Astralkörper polarisiert und dieser wiederum von der Qualität des 2. Strahls – insbesondere durch den 6. Strahl – beherrscht, so leistet er den größten Teil, wenn nicht seine ganze diagnostische und therapeutische Arbeit durch sein Solarplexus-Chakra. Diese Tatsache ist an sich bereits eine Garantie für Probleme. Wenn mehrere seiner Körperhüllen und/oder die Persönlichkeit unter dem Einfluß der Qualitäten des 2. Strahls stehen, dann wird der Praktiker früher oder später in alle möglichen Schwierigkeiten geraten, denn er arbeitet auf der astralen Ebene, auf der die meisten Probleme für die körperliche und psychische Gesundheit ihren Ursprung haben. Die Konzentration im Solarplexus-Chakra bzw. auf der Astralebene ist wie eine offene Tür, durch die alle negativen und krankheitstragenden Atome und Teilchen von den Patienten hereingezogen werden, denen der Behandler auf eben jener Ebene begegnet.

Menschen, bei denen die Qualitäten des 2. Strahls stark ausgeprägt sind, zieht es leicht zu der einen oder anderen Heilkunst. Die Radionik interessiert sie aufgrund der Art dieser Arbeit, und viele Behandler werden bald zum Opfer nervöser Überreizung, weil sie nicht einmal ansatzweise verstehen, worauf sie sich einlassen.

Das Problem wird noch verschlimmert durch die Tatsache, daß auch kein einziger der mir bekannten Radioniklehrer die Dynamik des Problems versteht, und so haben wir eine Situation, in der die Blinden zu Blindenführern werden. Es muß klargestellt und begriffen werden, daß Radionik den Umgang mit vielen verschiedenen Energien bedeutet. Nur durch Verstehen ihres Wesens und entsprechendes Verhalten wird der Schüler sich weiterentwickeln und sein inneres Wesen so verwandeln, daß er von der Arbeit nicht krank wird. Ich habe es immer wieder gesagt: Die Radionik ist mehr als eine Therapieform. Sie ist ein Mittel der spirituellen Entwicklung oder kann als

solches verwendet werden von denen, die sich der mit ihr verbundenen Prozesse und Energien bewußt sind.

Der erste Schritt zu einer gefahrlosen Arbeitsweise ist also die
Ausrichtung auf den höheren Aspekt des Mentalkörpers. Das ist
wesentlich. Der nächste Schritt ist, durch das Stirn-Chakra – und
nicht das Solarplexus-Chakra! – zu arbeiten. Bitte beachten Sie, was
dies bedeutet. Nun wird der Brennpunkt Ihrer Konzentration von der
Astralebene (Solarplexus-Chakra) auf die buddhische Ebene (Stirn-
Chakra) verlagert. Dies heißt nicht automatisch, daß jeder, der über
das Stirn-Chakra arbeitet, mit buddhischen Energien wirkt, letztlich
strebt er aber dieses Ziel an. Bereits die Absicht und Bemühung,
durch das Stirn-Chakra zu arbeiten, beginnt den Weg zu den höheren
Ebenen zu öffnen, und auf diesen Ebenen gibt es keine Krankheit. So
kann der Praktiker in vollkommener Sicherheit arbeiten und natürlich mit echter, weitaus größerer Effektivität. Dieser Prozeß ist nicht
mit Worten zu vermitteln, solange diese Worte nicht von einem
Lehrer kommen, der imstande ist, von den höheren Ebenen aus zu
arbeiten, der also bestimmte Chakren auf gewisse Weise miteinander
verbunden hat.

Die Strahlenbeeinflussung des Praktikers ist ebenfalls von großer
Wichtigkeit. Wie ich bereits sagte, wird ein starkes Überwiegen der
Energien des 2. Strahls dazu führen, daß der Praktiker negative
Energiemuster wie ein Schwamm aufsaugt. Das Paradoxe daran ist,
daß die umfassenden, intuitiven Qualitäten des 2. Strahls für die
heilerische Arbeit unverzichtbar sind. Eine Person mit wenig oder gar
keinen Qualitäten des 2. Strahls kann nicht heilen. Es kommt also auf
eine ausgeglichene Strahlenkonstitution an, bei der zumindest ein
Körper oder die Persönlichkeit unter dem Einfluß des 7. Strahls steht
(Strahl der Radionik), das Denken vom 5. Strahl beeinflußt wird, und

der Astralkörper vom 2. oder 6. Strahl – vorausgesetzt, die jeweiligen Tugenden dieser Strahlen wurden bereits erworben und entfaltet. Wenn die Strahlenzusammensetzung wohlausgeglichen und der Praktiker im Mentalkörper polarisiert ist und durch Kopf- und Herz-Chakra arbeiten kann, dann besteht kaum Gefahr, daß die Energien und Kräfte der Krankheit des Patienten sich an den Behandler heften, und das Risiko der Kontaminierung ist minimal oder gänzlich ausgeschlossen.

Bei der täglichen Arbeit in einer stark frequentierten Praxis passiert es nur zu leicht, daß man in alte Muster zurückgleitet. So mancher Praktiker stellt zuweilen fest, daß das Solarplexus-Chakra wieder in den Vordergrund getreten ist; dies ist in der Regel darauf zurückzuführen, daß er sich mit den Problemen und Nöten der Patienten identifiziert hat. Ein Abschnitt in *Esoterisches Heilen* von Alice Bailey erörtert diese Angelegenheit recht deutlich:

Eine der Hauptschwierigkeiten, die sich dem Heiler entgegenstellen – besonders, wenn er verhältnismäßig unerfahren ist –, ist das, was sich aus einer solchen hergestellten sympathischen Beziehung ergeben kann. Es kann leicht etwas eintreten, was wir »Übertragung« nennen könnten. Der Heiler zieht sich den Zustand der Krankheit oder des Leidens zu oder übernimmt ihn, zwar nicht im tatsächlichen Gehalt, jedoch in den Symptomen. Das kann ihn unfähig machen oder zum mindesten die freie Wirksamkeit der Heilbehandlung stark behindern. Das ist eine Täuschung und eine Illusion, die darauf beruht, daß der Heiler die Fähigkeit erworben hat, sich mit seinem Patienten zu identifizieren; eine weitere Ursache ist auch seine Ängstlichkeit und sein großes Verlangen, Erleichterung zu bringen. Der Heiler hat sich so sehr der Nöte des

Patienten angenommen und sich so weit von seinem eigenen positiven Bewußtsein abgesetzt, daß er versehentlich negativ geworden und zeitweilig ungeschützt ist.

Der Text fährt fort und zeigt im folgenden, wie dieses Problem zu überwinden ist:

Entdeckt er in sich selbst diese Tendenz, so liegt das Heilmittel darin, sowohl durch das Herzzentrum wie durch das Kopfzentrum zu wirken und einen ständigen Strom positiver Energie der Liebe dem Patienten entgegenzuschicken. Dies schirmt ihn gegen die Krankheit, jedoch nicht gegen den Patienten ab. Er kann dies erreichen, indem er durch das Herzzentrum im *Brahmarandra* (Kopfzentrum) wirkt und dadurch die Wirkungskraft seiner Behandlung verstärkt. Das setzt jedoch eine hohe Entwicklungsstufe des Heilers voraus.

Der durchschnittliche Heiler wird nicht imstande sein, diese Konzentration auf das Herz-Chakra im Scheitel-Chakra zu bewirken, aber er kann aufgrund eines bewußten Willensakts durch Kopf- und Herz-Chakra arbeiten. Wenn schließlich Kopf- und Herz-Chakra voll verbunden sind, wird diese Methode noch zusätzliche Kraft und Wirksamkeit erhalten.

Eines der größten Probleme in der Praxis kann der Patient sein, der sich wie ein »Energie-Blutegel« verhält, das heißt eine Person, die die angeborene und häufig unbewußte Fähigkeit besitzt, sich an Astral- und Ätherleib des Behandlers zu hängen und für sich Energie abzuzweigen. Ich hatte früher echte Probleme mit diesem Patiententyp, aber ich lernte vor vielen Jahren, daß das Geheimnis des Schutzes in der korrekten Ausrichtung und Polarisierung des Bewußtseins liegt. Patienten mit jener Fähigkeit können sich sogar über Telefon binnen Sekunden an den Praktiker hängen und ihm innerhalb von vier bis fünf Minuten alle Vitalität abziehen. Einer meiner Patienten, der mich regelmäßig anzurufen pflegte und versuchte, mir Energie abzuziehen, fand bald heraus, daß mein Schutz nachlassen würde, wenn er längere Zeit schwieg, nachdem ich den Hörer abgenommen und mich gemeldet hatte. Das Schweigen erzeugt, wie Sie sich gewiß vorstellen können, eine Art Vakuum, in das man leicht gezogen werden kann. Einige Male fiel ich auf diesen Trick herein, lernte aber bald, selbst zu schweigen, bis der Anrufer sich meldete. Manchmal füllte sich das ganze Wohnzimmer mit eigenartigen und chaotischen Energien, wenn der Patient erfolglos versuchte, sich an meinen Solarplexus und Astralkörper zu heften.

Der Zweck dieses kurzen Kapitels war, Ihre Aufmerksamkeit auf sehr einfache Weise auf ein sehr komplexes Problem zu lenken, das die Gesundheit beeinträchtigen kann, zu Überreizung und einer tiefen Erschöpfung führen kann. Die Heilung liegt nicht in äußerlicher Hilfe, sondern in der Ausrichtung des Innenlebens auf die höheren Ebenen. Richtige Ausrichtung und Polarisierung, verbunden mit der Übung in *Gewaltlosigkeit,* bietet vollkommenen Schutz vor jenen Energien, die dem Wohlbefinden des Praktikers feindlich gegenüberstehen.

14

Radionik und die Strahlenenergien

Man sollte deshalb bedenken, daß wir in diesem Zusammenhang den Punkt des Erlebens betrachten, an dem Licht einfließt und Offenbarung bringt, Information vermittelt, die Intuition weckt und jene geistigen Gesetze dem Eingeweihten ins Bewußtsein führt, jene Regeln des schöpferischen Prozesses, jene Strahlenzustände und jene neuen Energien und Kräfte, auf die die Menschheit einer jeder Epoche wartet und die fundamental notwendig sind, wenn das Menschengeschlecht vorankommen soll zu höherer, spiritueller Kultur und heraus aus der relativen Dunkelheit, in der es sich zur Zeit bewegt.

Alice A. Bailey, *Jüngerschaft im neuen Zeitalter II*

Mittlerweile ist es vermutlich eine Wiederholung von Selbstverständlichem, wenn ich erneut darauf hinweise, daß die Radionik eine Heilkunst ist, die unmittelbar mit Energien und Kräften zu tun hat – und dennoch gibt es nur sehr wenige Radioniker, die sowohl die Zusammenhänge als auch die Möglichkeiten dieser Tatsache ganz verstehen. Nach zwanzig Jahren eingehender Beschäftigung mit den

Werken Alice Baileys und mehr als 17 Jahren radionischer Praxis bin
ich mir nicht einmal sicher, daß ich selbst es verstehe, obgleich das
Denken in Energiebegriffen mir inzwischen recht leicht fällt. Seit
1972, als *Der feinstoffliche Mensch* erschien, habe ich dieses Thema
immer wieder behandelt, weil es bei unserer Arbeit eine so zentrale
Stellung einnimmt und weil wir gerade erst anfangen, die Möglichkeiten und das wahre Potential der Radionik zu erschließen. Gewiß
haben wir eine gewisse Wegstrecke aus der relativen Dunkelheit ihrer
recht orthodoxen Anfänge hinter uns gebracht, und die Radionik
bewegt sich nun in die richtige Richtung und sammelt im Laufe der
Jahre mehr und mehr Licht.

Es muß den meisten Menschen klar sein, daß wir in einer Übergangsphase der Geschichte leben, in der die alte Ordnung des Fische-
zeitalters und des 6. Strahls (wenn auch murrend) zurücktritt, um
dem Wassermanneinfluß des 7. Strahls Platz zu machen. Dieser
Übergang von einem Strahl zum anderen bringt unausweichlich
chaotische Umstände mit sich und steigert den Widerstand gegen die
Veränderung in jenen Menschen und Institutionen, die in den alten
und überholten Mustern des 6. Strahls erstarrt sind.

Meine ersten drei Bücher über Radionik stellten einige der grund-
sätzlichen Veränderungen dar, vor denen wir stehen; die meisten
Praktiker hatten keine oder kaum Schwierigkeiten, sie bei ihrer Arbeit
zu berücksichtigen. Damit war für mich alles vorbereitet für den
radikaleren Wandel, der nun folgte. Diese Änderung präsentierte sich
mit meinem letzten Buch *Radionics: Science or Magic?* Die in jenem
Buch skizzierten Prinzipien lösten manchen Widerhall in der Schar
organisierter Radioniker aus. Aus einigen Ecken, in denen sich die
verfestigten Denkweisen hartnäckig verschanzen, kam mir unverhoh-
lene Feindseligkeit entgegen. Was ich geschrieben hatte, bedrohte das

»Establishment« im Reiche der Radionik, und der Rückschlag kam für mich recht überraschend. Wo ich Offenheit für Veränderung und Fortschritt erwartet hatte, stieß ich auf Individuen in verantwortungsvollen Positionen, die nicht begreifen konnten, was ich in meinem Buch dargestellt hatte; und weil sie nicht erfaßten, in welche Richtung es zielte, verurteilten sie es. Andere verhielten sich in ihren Reaktionen eher neutral. Doch es war unverkennbar: Hätte ich das Buch in Hieroglyphen geschrieben, wäre es ihnen kein geringeres Rätsel gewesen.

Das Buch trägt meines Erachtens jene Energieströmung, die der neuen Radionik ihre Kraft verleihen wird. Wie dieser vorliegende Band spiegelte es die Absicht wider, von Dimension II zu Dimension I weiterzuschreiten. Dieses Phänomen ist schwer zu beschreiben, aber ich weiß, daß das Buch in einem Bereich des Bewußtseins bereits existiert, den man als Dimension II bezeichnen darf. Darüber hinaus ist es bereits geschrieben, aber nicht bis ins letzte festgeschrieben oder kristallisiert, mit anderen Worten: Auf jener Ebene ist das Buch etwas Lebendiges, flexibel und offen für Wachstum und Veränderung. Während ich niederschreibe, was mir von jener Ebene in den Sinn kommt, spüre ich eine seltsame Flut von Ideen. Manche davon brodeln vor Energie und brechen ins Bewußtsein ein wie eine mächtige Woge, die auf den Strand rollt. Solche Eindrücke erweisen sich oft als Vorboten neuer Ideen, oder sie haben die Aufgabe, augenblicklich mehrere scheinbar unzusammenhängende Faktoren auf wesentliche Weise miteinander zu verknüpfen. Auf keinen Fall jedoch stellt sich die Frage nach automatischem Schreiben, sondern es handelt sich einfach um die mühelose Darbietung von Informationen und Wissen, das aus einer Dimension in eine andere fließt.

Als mein letztes Buch herauskam, war ich bereit, dem ganzen Gebiet den Rücken zu kehren. Dafür gab es mehrere Gründe, nicht zuletzt die Masse an Anomalien, die das System seinerzeit hatte. Natürlich existieren sie im Denken vieler Praktiker immer noch, aber mein Buch zog sie wenigstens zur Betrachtung und Neueinschätzung hervor und öffnete hoffentlich das Tor zu einem Weg, der zu schöpferischen Veränderungen führen würde.

Vor gut fünfzig Stunden der Schreibarbeit kündigte dieses Buch *Aura, Chakren und die Strahlen des Lebens* meinem Bewußtsein seine Anwesenheit an. Ich erkannte auf der Stelle, daß es mein letztes Buch zum Thema Radionik sein und meinen Beitrag zu diesem Gebiet vollenden würde. Wie es sich nun erweist, scheint dieses Material genau das zu tun, indem es auf denkbar einfache Weise das Thema der sieben Strahlen erklärt und zeigt, wie dieses Wissen auf praktische Weise in der täglichen Arbeit angewendet werden kann. Aus manchen Richtungen warf man mir vor, die Radionik zu Grabe zu tragen, aber in Wirklichkeit ging es mir darum, die Radionik vor dem Grabe zu bewahren durch Wissen, esoterisches Wissen, das durchaus berechtigt ist. Damit habe ich bewußt und mit Absicht die Radionik auf jenen Platz der Kraft gestellt, der es künftigen Praktikergenerationen erlauben wird, ihr fast grenzenloses Potential zu entfalten.

In meinem vorigen Buch schrieb ich über die Krise in der Welt der Radionik, die sich in eine voraussagbare Richtung bewegt. Wir befinden uns heute auf allen Gebieten in einer Zeit der Krise. Die Menschheit selbst ist in einer Krise, und so können wir viele Veränderungen erwarten – aber natürlich nicht ohne die Zertrümmerung der alten, überholten Formen.

Die organisierte Radionik ist unter dem Gesichtspunkt der hier wirkenden Strahlenenergien ein höchst interessantes Phänomen. Die

Strahlen 2, 6 und 7 sind bei dieser Heilkunst stark vertreten; der 6. und der 7. Strahl liefern die Hauptenergien, die zu der derzeitigen Krise führen. Beide Energien haben natürlich auch ihre positiven Aspekte, aber in Krisenzeiten versucht ein Establishment aufgrund seiner Wesensart immer, den Status quo aufrechtzuerhalten, das heißt, daß die Verblendungen und Untugenden der beiden Strahlen ins Spiel kommen. Der 6. Strahl fördert verfestigte Denkweisen, Trennungsdenken, Parteilichkeit, Engstirnigkeit, Besitzergreifen und Starrheit. Splittergruppen werden sich um Persönlichkeiten scharen, die unter dem Deckmantel, das Gute für die Radionik zu wollen, nur ihre eigenen Ziele verfolgen.

Die Gruppe als Ganzes wird ihre Ganzheit verlieren und sich in Machtblöcke aufteilen. Die eher negativen Aspekte des 7. Strahls werden die komplexeren Methoden der Wissensvermittlung hervorbringen und versuchen, die derzeitige Orthodoxie nachzuahmen in der Hoffnung, dadurch Beliebtheit und irgendwann in der Zukunft auch Anerkennung zu gewinnen – eine höchst unwahrscheinliche Sache, wenn man bedenkt, welche Strahlen die Medizin beherrschen. Der Formalismus wird stärker, und die Starrheit des 6. Strahls wird sich weiter ausbreiten. Das prophetische Wort steht schon in flammenden Lettern an der Wand, und die Energien, die die heutige Form organisierter Radionik zerschlagen werden, sind bereits am Werke.

Oberflächlich betrachtet, könnte man dieses Geschehen für einen Rückschritt halten, aber es liegt in der Natur des Fortschreitens, daß Krisen der Auflösung alter Formen vorausgehen. Es bleibt zu hoffen, daß eine neue Struktur erstehen wird, die sich auf die höheren Qualitäten der vorhandenen Energien stützt. Der 6. Strahl ist eng verbunden mit der Ebene des Fühlens (Astralebene), während der 7. Strahl sich auf die mentalen Ebenen bezieht und die höheren

Kräfte herabzieht, um sie im Alltag zu verankern. Die Energie des 6. Strahls wird mit dem Solarplexus-Chakra assoziiert und betont den Dualismus von Geist und Form. Der 7. Strahl fördert die Gruppe als Einheit, nachdem der 6. Strahl den Individualismus betonte. Das Merkmal des kommenden Wassermannzeitalters wird Gruppenbewußtsein heißen, und indem die Praktiker auf dem Gebiet der Radionik beginnen, mit der Energie des 7. Strahls zu arbeiten, wird eine neue und wichtige Gruppe entstehen, die das Gleichgewicht und die Ordnung widerspiegelt, die bei dieser Arbeit notwendig sind. Die weißen Magier, die wirklich imstande sind, mit den Strahlenenergien umzugehen, um damit zu heilen, werden ihren Weg in diesen Bereich des Dienens finden. Es ist interessant, einige Vergleiche zwischen den Auswirkungen der Energien von 6. und 7. Strahl anzustellen und dabei zu betrachten, was in der Radionik heute geschieht:

6. Strahl: förderte die Vision
7. Strahl: verwirklicht die Vision

6. Strahl: brachte den Mystiker hervor
7. Strahl: wird den Weißmagier hervorbringen

6. Strahl: führt zu Nationalismus, spaltet und trennt
7. Strahl: führt zu Verschmelzung und Synthese, verbindet die Energien von Geist und Materie

6. Strahl: führt zur Bildung von Gruppen, die auf Persönlichkeitsebene wirken
7. Strahl: bringt Gruppen hervor, die in gutem Einklang höheren Zwecken dienen

6. Strahl: bringt den Gedanken an Dualität und physische Einheit, materialistische Psychologie und mechanistische Medizin. Deshalb bedeutet der 6. Strahl in der Radionik deren zukünftige Anpassung an das Establishment.

7. Strahl: leitete eine höhere Vereinigung ein

6. Strahl-Einfluß: fördert Trennungsinstinkte, Dogmatismus, Ausschließlichkeit und Sekten

7. Strahl: bereitet den Weg für die wissenschaftliche Erklärung des Lichts. Die Erforschung des Melanins in den USA brachte bereits einige erstaunliche Ergebnisse mit weitreichenden Konsequenzen für die Menschheit hervor. Ruth Drown bezeichnete die in der Radionik eingesetzten Energien als Licht.

Indem die Praktiker die Strahlenenergien zu verstehen lernen, werden sie erkennen, daß hier die Vollendung des radionischen Musters zu finden ist. Dann haben wir:

1. physische Anatomie, Physiologie und Pathologie
2. feinstoffliche Körper
3. Chakren
4. Physiologie des Lichtes
5. Pathologie als Lehre von Störungen des Energiegleichgewichts
6. Energien der sieben Strahlen
7. eine spirituelle Psychologie

Damit wird die Radionik zu der weltweit einzigen wahrhaft ganzheitlichen Heilkunst unserer Zeit und nimmt die Führung unter den Energiewissenschaften ein.

Ich sehe den Tag kommen, an dem die Befähigung, auf dem Gebiet der Radionik zu arbeiten, eine vollständige Analyse der feinstofflichen Körper, Chakren und Strahlen des voraussichtlichen Schülers verlangt, weil Zustand und Wesensart vor allem der beiden letzteren Aspekte dessen Eignung oder Mangel an Eignung anzeigen. Im Idealfalle sollte der Praktiker ein gutes Gleichgewicht aufweisen zwischen den Qualitäten des 2. und des 1., besonders aber auch des 7. Strahls. Zuviel Einfluß des 2. Strahls in der Energiekonstitution eines Menschen würde bedeuten, daß dieser höchstwahrscheinlich zuviel negative Energie aufnimmt. Andererseits wäre ein Anwärter mit sehr ausgeprägten Qualitäten des 1. Strahls zu »isoliert« und als Heiler nicht sehr leistungsfähig.

In dem Maße, in dem der Einfluß des 6. Strahls in den Hintergrund und der des 7. Strahls in den Vordergrund tritt, tritt eine Radionik der Zukunft hervor, die diese Heilkunst in neue Höhen tragen wird. Neue Offenbarungen und neue Techniken mit Licht und Elektrizität werden neue Instrumente ermöglichen und eine neue Form der Radionik ermöglichen. Gleichzeitig wird der Berufsstand Menschen anziehen, die durch karmische Verbindungen und Neigungen die Kraft besitzen, auf mächtige Weise zu heilen.

Albert Abrams, Ruth Drown, George und Marjorie DeLaWarr arbeiteten mit dem 6. Strahl, um die Radionik in der ersten Hälfte unseres zwanzigsten Jahrhunderts zu entwickeln und zu fördern. Malcolm Rae brachte seinen Einfluß des 7. Strahls zum Tragen und führte die geometrischen Muster sowie Instrumente ein, mit denen die Energien in äußere Form zu übertragen sind. Mein eigener Beitrag nutzt den 7. Strahl durch eine systematische Darstellung des esoterischen Menschenbildes und seiner Beziehung zu Diagnose und Behandlung durch Radionik. Damit sind die Vorbereitungen getroffen, die richtigen Energien versammelt und in Gang gesetzt worden. In gewissem Sinne war dies eine gemeinsame Aktion. Die Saat wurde gelegt, aus der die neue Radionik hervorkommen wird.

Anhang 1

Zahnfüllungen und Quecksilberempfindlichkeit. TMG und IZK

Die folgenden beiden Artikel erschienen in den Ausgaben September und Dezember 1983 des *Radionic Quarterly*. Sie werden hier aufgenommen, um zu veranschaulichen, wie ein ganzes Spektrum scheinbar unzusammenhängender Symptome ganz einfach von Bereichen des Körpers oder von Faktoren herrühren können, die unbemerkt bleiben, weil sie uns so vertraut sind.

Zahnfüllungen und Quecksilberempfindlichkeit

Es gehört zwar nicht zu den angenehmsten Erlebnissen, die Zähne gefüllt zu bekommen, doch machen wir uns kaum Gedanken darüber, daß die als Füllmaterial verwendeten Legierungen später eine höchst nachteilige Wirkung auf unsere körperliche und psychische Gesundheit haben könnten. Amalgam für Zahnfüllungen wurde im Jahre 1819 in England, 1825 in Amerika eingeführt, 1826 dann auch in Frankreich. Fast 130 Jahre lang wurde diese Substanz für grundsätzlich unschädlich gehalten, bis der brasilianische Zahnarzt Dr. Olympio Pinto in seiner Magisterarbeit, die er 1959 an der Universität von Georgetown, USA, vollendete, die Aufmerksamkeit auf Quecksilberreaktionen im menschlichen Körper lenkte. Bis Ende der sechziger Jahre entwickelte er die Hypothese, daß das Quecksilber aus Quecksilber-Silber-Amalgamfüllungen täglich in den Körper sickert. Heute zeigen Laborbefunde und klinische Erfahrung, daß dies eine verheerende Wirkung auf die Gesundheit jedes Menschen haben kann.

Quecksilber-Silber-Amalgame, die im allgemeinen als Silber-Amalgame bezeichnet werden, bestehen aus etwa 50 Prozent Quecksilber und 35 Prozent Silber; den Rest bilden wechselnde Mengen Zinn, Kupfer und Zink. Sie sind sehr weit verbreitet, weil billiger und in der Handhabung einfacher als Gold. Wenn das Material als Füllung in einen Zahn gelangt, kommt es zur Elektrolyse, da der Speichel mit dem Metall reagiert, und eine Korrosion beginnt, bei der ständig anorganisches Quecksilber freigesetzt wird, das der Körper rasch aufnimmt. Die Quecksilberablagerungen können labortechnisch in Proben von Haar, Urin und den verschiedensten Körpergeweben nachgewiesen werden. Quecksilber-Silber-Amalgame, geben auch Quecksilberdämpfe ab, die rasch die Membranen der Lungenbläschen durchdringen und ins Blut übergehen; sie können auch die Blut/Gehirn-Schranke überwinden und sich im Zentralnervensystem niederlassen. Quecksilber-Silber-Füllungen in Zähnen können also akute und chronische Schwermetallvergiftungen bewirken. Später werden wir die Symptome betrachten, die diese Form der Vergiftung hevorrufen kann, aber zuvor lohnt sich ein Blick auf das Phänomen, daß gewisse Krankheiten unbekannter oder unklarer Genese aufzutauchen begannen, kurz nachdem die Quecksilber-Silber-Amalgame 1825 eingeführt wurden.

Es sind Tatsachen aus der Geschichte der Medizin: Im Jahre 1827 wurde die Nephritis zum ersten Mal beschrieben (Quecksilber zerstört das Epithel der Nierenkanälchen). Die Hodgkin-Krankheit (Lymphknoten-Krebs) wurde 1832 bekannt, Leukämie (Blutkrebs) 1845, Addison-Krankheit (Nebennierenrinden-Insuffizienz) 1849, Banti-Syndrom 1881, Gaucher-Krankheit 1882, Anorexia nervosa 1888, Dercum-Krankheit 1892, Jaksch-Hayem-Syndrom (Anämie) 1890, Sichelzell-Anämie 1910, chronische Monozytenleukämie 1913 – die Liste läßt sich fortsetzen.

Die Quecksilbervergiftung kann eine Vielfalt von Symptomen hervorrufen, die im allgemeinen in drei Kategorien aufgeteilt werden können: Sie betreffen Nervensystem, Herz und Immunsystem. Bei den meisten Menschen scheint in erster Linie das Immunsystem in Mitleidenschaft gezogen zu sein. Spezifische Fälle lassen darauf schließen, daß Krankheiten der blutbildenden Organe, zum Beispiel die Hodgkin-Krankheit und Leukämie, unmittelbar einer Quecksilbervergiftung zuzuschreiben sind. Die Liste von amalgambewirkten Symptomen klingt beängstigend, sie enthält neben vielen anderen Krankheitszeichen: Appetitverlust, Gewichtsverlust, Muskelzuckungen, akute Brust- und Rückenschmerzen, Hyperventilation, Angstzustände, unspezifische, grippeähnliche Symptome, Schilddrüsenvergrößerung, Bluthochdruck, Tachykardie, Dermatitis, Halsentzündung, Lymphknotenschwellungen, angeschwollene, schmerzende Gelenke, Fieber, Unbehagen, Erschöpfung, Brennen im Mund, Depression und Schlafstörungen. Quecksilber kann die Schleimhaut des Magens und des Zwölffingerdarms angreifen und zerstört, wie bereits erwähnt, das Nierenepithel. Es hat also sehr unangenehme und weitreichende Auswirkungen auf die körperliche und psychische Gesundheit.

In Amerika und Kanada achtet man mittlerweile mit größerer Aufmerksamkeit als in anderen Ländern auf Quecksilbervergiftungen und ihre Auswirkung auf Psyche und Körper des Menschen. Die Toxic Element Research Foundation (TERF) gibt vierteljährlich ein Mitteilungsblatt mit dem Titel *Momentum* heraus, das Laien und Behandler gleichermaßen zur Wachsamkeit gegenüber dem Problem der Quecksilbervergiftung anregt. In diesen Mitteilungsblättern werden detailliert Fälle zitiert, die eindeutig zeigen, daß Symptome bereits am Tage nach dem Einbringen einer Zahnfüllung auftauchen können und daß Menschen, die sich guter Gesundheit erfreuten, buchstäblich über Nacht von erschreckenden Symptomen heimgesucht wurden, als deren Ursache man schließlich Quecksilber-Silber-Amalgame feststellte. Sobald die betreffenden Zahnfüllungen entfernt und durch ungiftiges Material ersetzt wurden, verschwanden die Symptome.

Ein solcher Fall war eine Schülerin, die sich sofort nach Einsetzen der Zahnfüllung wie betäubt fühlte. Fünf Monate lang hatte sie Selbstmordneigungen, litt unter schrecklichen Schmerzen des Brustkorbes, unter Halluzinationen, Schwindel, Hyperventilation, ihr Harn war dunkelbraun und ihr Stuhl grün, und sie litt auch unter Menstruationsbeschwerden und akuten Angstzuständen. Im Laufe dieser Zeit wurde sie von einem Spezialisten zum nächsten überwiesen und konsultierte einen Internisten, einen Psychiater, einen Allergologen, einen Osteopathen, einen Kardiologen, einen Priester, einen Psychologen, einen Gynäkologen, einen Chiropraktiker, einen Psychotherapeuten, sie ging zur klinischen Untersuchung und gelangte schließlich zu einem Zahnarzt, der die Ursache der Probleme erkannte. Binnen fünf Tagen nach Entfernung der Amalgamfüllungen war das

Mädchen völlig symptomfrei, konnte wieder die Schule besuchen – und vor allem: die Krankheitszeichen kehrten nicht mehr zurück.

Ein anderer Fall ist der eines Zahnmedizinstudenten, dessen Symptome jedoch erst fünf Jahre nach Einbringen der Amalgamzahnfüllungen begannen. Er bemerkte, wie seine Zehen, Fuß- und Kniegelenke sich immer mehr versteiften; schließlich waren auch die Hüften, Schultern, Finger und Handgelenke betroffen. Alle Tests zur Feststellung arthritisch-rheumatischer Erkrankungen brachten negative Ergebnisse. Zur Linderung nahm er täglich Aspirin und stärkere Medikamente. Innerhalb einer Woche nach Entfernung von zwei Zahnfüllungen waren alle Symptome völlig verschwunden.

Die Quecksilbervergiftung ist so massiv, daß Zahnärzte und ihre Helferinnen, die von Berufs wegen Amalgame beseitigen, rückblickend festgestellt haben, daß sie unter Kopfschmerzen und diversen anderen Symptome an jenen Tagen gelitten hatten, an denen sie Amalgamfüllungen entfernten. Dr. Hal A. Huggins weist in einem Artikel mit der Überschrift *Mercury: A Factor in Mental Disease?* darauf hin, daß englische Hutmacher, die bei der Herstellung von Filzhüten Quecksilber verwendeten, Muskelzuckungen bekamen und labil wurden; deshalb heißt es im Volksmund »so verrückt wie ein Hutmacher«. Während des amerikanischen Bürgerkrieges litten Hutmacher in Danbury, Connecticut, die ebenfalls Quecksilber verwendeten, unter einem Zustand, der als »Danbury-Zittern« bekannt wurde. In Japan bewirkten die ins Meer geleiteten, quecksilberhaltigen Abwässer der örtlichen Industrie, daß Teile der Bevölkerung (auch Katzen), die sich von den vergifteten Meeresfrüchten ernährten, neurologische Erkrankungen bekamen. Die Minamata-Krankheit, wie man sie nannte, zeigte gewisse Ähnlichkeiten mit multipler Sklerose, und viele Menschen starben an ihr.

Die Radionikpraktiker sind sich der gesundheitlichen Probleme wohl bewußt, die von einer empfindlichen Reaktion auf Aluminiumvergiftung herrühren und besonders das Verdauungssystem beeinträchtigen – auch der Bleivergiftung, die Gehirn, Leber, Nieren, Knochenmark und Milz betrifft. Über die heimtückischen Folgen der ganz alltäglichen Quecksilber-Silber-Amalgame jedoch, die für Zahnfüllungen verwendet werden, ist man sich vielleicht noch nicht genug im klaren. Man sollte sie also bei der radionischen Untersuchung im Auge behalten und bei all jenen Fällen daran denken, die auf die Behandlung nicht so ansprechen, wie sie sollten.

TMG und IZK

Unser moderner Trend zu Abkürzungen kann manchmal lästig sein, aber im Falle des Temporomandibulargelenks und der Ileozökalklappe ist er vielleicht verzeihlich. Wenn diese beiden Teile der menschlichen Anatomie richtig und wohlausgeglichen funktionieren, geben sie uns kaum Anlaß zur Sorge. Täglich kauen wir unsere Nahrung, und das Temporomandibulargelenk (»Kiefergelenk«) erfüllt seine Aufgabe. Die Nahrung gelangt durch den Magen in den Dünndarm, wo die Nährstoffe ins Blut übergehen; was übrig bleibt, gelangt durch die Ileozökalklappe (»Blinddarmklappe«) weiter in den Dickdarm – so jedenfalls sollte es sein. Wenn aber eine Funktionsstörung des Temporomandibulargelenks vorliegt oder wenn die Ileozökalklappe sich nicht korrekt öffnet oder schließt, so kann es zu einem ganzen Spektrum von Symptomen kommen, die scheinbar in keinerlei Zusammenhang mit diesen Bereichen stehen. Aus diesem Grunde sind das TMG und die IZK für den Radionikpraktiker von Bedeutung. Wir rühmen uns, die Ursache von Krankheit im Körper zu bestimmen – aber wie viele Praktiker würden die IZK untersuchen, wenn ein Patient über wiederkehrende grippeähnliche Symptome oder Schleimbeutelentzündungen klagt, oder das TMG, wenn sich das Problem in Schmerzen der Rückenmitte äußert? Nicht viele, nehme ich an.

Unser Körper ist ein sehr bemerkenswerter und komplexer Computer, und ich meine dies nicht abschätzig. Er ist das erstaunlichste und schönste Instrument, bei dem leider nur zu viele Dinge schiefgehen können. Wie ein Computer kann er ein Warnsignal (Symptome) senden. Der Körper ist ständig Reizen von innen und außen ausgesetzt, und alle diese Reize werden 24 Stunden am Tag von den verschiedenen Körpersystemen registriert, gespeichert, abgelehnt oder abgerufen. Schädliche Impulse von chemischen (z.B. Quecksilberamalgam), physikalischen oder mentalen Quellen können in jedes System eindringen. Selbst ein verhältnismäßig leichter schädlicher Impuls kann im Körper massive Fehlfunktionen auslösen. So beansprucht zum Beispiel Streß die Nebennieren, diese wiederum beeinflussen den Sartorius-Gracilis-Muskelkomplex, der als medialer Stabilisator zwischen Knie und vorderer oberer Darmbeinkante dient. Akute Knie- und Iliosakral-Schmerzen können die Folge sein. Die Einwärtsdrehung des Fußes (Senkfußstellung) kann Ischiasbeschwerden oder Schwächen bestimmter Nackenmuskeln verursachen, und wir alle wissen, daß die Entzündung der Gallenblase Schmerzen im Bereich des rechten Schulterblattes erzeugt. Es ist also eine Tatsache, daß alles zu Problemen überall im Körper führen kann, und daß die sekundäre Beteiligung von der primären Störung sehr weit entfernt sein kann.

Das Temporomandibulargelenk gibt Zahnärzten schon seit vielen Jahren Anlaß zur Sorge, besonders wenn Patienten Klickgeräusche beim Bewegen des Kiefers hören lassen oder über Kieferschmerzen und wiederkehrende Verrenkungen des Gelenks klagen. Wenn Sie die Finger vor die Ohren legen, spüren Sie die Bewegung im TMG. Es ist kaum zu glauben, daß ein so kleines Gelenk – das wir noch dazu tagein, tagaus beanspruchen – zu einer so ernsten Bedrohung der Gesundheit werden kann, wenn es nicht richtig funktioniert. Der Grund wird bei näherer Betrachtung klar. Dieses kleine Gelenk hat eine unverhältnismäßig hohe Menge neurologischer Verbindungen zum Körpercomputer. Mit anderen Worten: Eine Fehlfunktion des TMG kann ganze Bereiche der Großhirnrinde betreffen, und aus diesem Grunde kann sie buchstäblich überall im Körper Krankheit bewirken. Man hat immer wieder beobachtet, daß Patienten mit TMG-Problemen oft auch unter chronischen Schmerzen im oberen Rücken leiden, unter Schulterproblemen, wiederkehrenden iliosakralen Beschwerden und unerfindlichen Kopfschmerzen, zusammen mit einer allgemein geschwächten Gesundheit. Die Korrektur der TMG-Läsion durch zahnärztliche oder chiropraktisch-kinesiologische Maßnahmen führt zu einer Linderung der schlimmsten, wenn nicht aller Symptome.

Während wir die TMG-Läsion wegen der Schmerzen im Kiefer und durch das Klickgeräusch beim Essen wahrnehmen können – oder im Extremfall durch die Verrenkung beim Gähnen –, ist das Ileozökalklappen-Syndrom eher verborgen und fällt uns kaum als spezifischer Faktor auf. Die IZK liegt zwischen dem Krummdarm (letzter Teil des Dünndarms) und dem Blinddarm (erster Teil des Dickdarms). Sie hat die Aufgabe, den Inhalt des Dickdarms daran zu hindern, in den Dünndarm zurückzufließen, damit keine bakterienbefrachteten Abfallprodukte diesen Bereich des Magen-Darm-Kanals verseuchen. Die zweite Funktion der IZK besteht darin, den Speisebrei lange genug im Dünndarm zu halten, damit er dort ausreichend verdaut werden kann.

Das IZK-Syndrom kommt in zwei Formen vor, der offenen und der geschlossenen. Die offene Form ermöglicht, daß massiv mit Bakterien infizierte Abfallprodukte durch die Klappe und in den Dünndarm zurückfließen, so daß der Organismus durch die Dünndarmwand hochtoxische Stoffe aufnimmt. Die Symptome, die hierdurch entstehen können, sind vielfältig und ähneln zahlreichen unterschiedlichen Krankheitsbildern, zum Beispiel:

Kopfschmerzen	plötzl. Schmerzen im unteren Rücken
plötzlicher Durst	Schmerzen in der Herzgegend
Ohnmacht	Pseudo-Nebenhöhleninfektion
Übelkeit	Blässe
Schulterschmerzen	Pseudo-Hypazidität
Schwindel	dunkle Ringe unter den Augen
Pseudo-Bursitis	Ohrensausen
Pseudo-Iliosakralspannung	grippeähnliche Symptome
Stuhlprobleme	Schleimbeutelentzündung

Während Silberamalgame viele unterschiedliche Symptommuster erzeugen, ist die Ileozökalklappe als Quelle der Mißstände für den Radionikpraktiker nicht zu übersehen, der eine Reaktion auf die Frage nach der Autointoxikation erhält. Hier ist das IZK-Syndrom in der Tat eine der häufigsten Ursachen, der auch ich als Chiropraktiker, der mit angewandter Kinesiologie arbeitet, in der täglichen Praxis häufig begegne.

Die geschlossene oder spastische IZK hält den schon zu lange im Magen verdauten Nahrungsbrei zurück mit der Folge, daß er toxisch und faulig wird. Werden diese Giftstoffe absorbiert, kann sich jedes der obengenannten Symptome bemerkbar machen. Angespannte Personen neigen eher zur geschlossenen IZK. Dann fühlen sie sich unwohl beim Einschlafen. Beim Erwachen ist ihnen schlecht, diesem Gefühl können sie aber zuweilen durch Aktivität abhelfen.

Was können wir tun, wenn wir im Laufe der radionischen Diagnose feststellen, daß der Patient ein IZK-Problem hat? Mit die erste Maßnahme ist eine diätetische Beratung; sie ist absolut grundlegend. Die ersten Anweisungen lauten:

1. *keine* Ballaststoffe
2. *keine* rohen Früchte und Gemüse
3. *keine* gewürzten Speisen
4. *keine* alkoholischen Getränke
5. *keine* koffeinhaltigen Produkte: Kaffee, Kakao, Schokolade

Diese Regeln sollten mindestens zwei Wochen lang strikt befolgt werden. Die radionische Behandlung nimmt sich auch der Entgiftung von Dünndarm und Blut an sowie der Tonisierung der Muskeln der Ileozökalklappe beim offenen Syndrom bzw. der Entspannung der Ringmuskeln beim geschlossenen Syndrom. Es kann notwendig sein, auf eine Beteiligung der Wirbelsäule im Bereich L1/L2 oder Th12 zu achten. Der Nierenmeridian der Akupunktur mag ebenfalls betroffen sein. Chlorophyll hat sich als ein nützliches Ergänzungsmittel bei Fällen offener IZK erwiesen, und Vitamin D, Kalzium und manchmal Silizium bei der geschlossenen IZK. Wenn IZK-Fälle auf die radionische Behandlung und die obengenannten diätetischen Maßnahmen nicht ansprechen, ist es möglicherweise nötig, den Patienten an einem Praktiker zu verweisen, der AK- (angewandte Kinesiologie) oder »Touch for Health«-Techniken ausübt, so daß direkte physische Maßnahmen durchgeführt werden können, die die neurovaskulären und neurolymphatischen Triggerpunkte einbeziehen.

Die Besprechung und Behandlung von TMG-Problemen habe ich bis zuletzt aufgehoben, weil man hier von radionischer Seite nicht viel tun kann. Die tägliche Belastung durch das Kauen unterwirft das TMG einem starken physischen Druck, der durch Radionik nicht zu behandeln ist. Wenn der Biß nicht korrekt stimmt, so bedarf es einer guten Korrektur durch zahnärztliche oder kieferorthopädische Maßnahmen, also der Behandlung durch einen Spezialisten. Ergänzende Mittel könnten auf eine verbesserte Integrität der elastischen Gewebeanteile des Gelenks abzielen. Arnica, Ruta graveolens, Rhus toxicodendron und Hypericum könnten sich in solchen Fällen als nützliche homöopathische Mittel erweisen. Die Nahrung wäre durch Gaben von Mangan und Zink zu ergänzen, um dem Gelenk bei der Genesung zu helfen.

Wann immer der Praktiker mit einem Patienten konfrontiert wird, der vielfältige Symptommuster zeigt, die mehr oder weniger chronisch sind und bisher auf die verschiedensten Behandlungsweisen nicht ansprachen, erscheint es ratsam, sie gezielt auf eine Beteiligung des Temporomandibulargelenks oder auf die häufiger vorkommende, offene oder geschlossene Ileozökalklappe hin zu untersuchen. Wir sollten die wechselseitige Verbundenheit aller Körpersysteme, selbst einzelner Zähne, niemals unterschätzen. So fand man beispielsweise durch Methoden der angewandten Kinesiologie-Forschung heraus, daß es Verbindungen zwischen den Zähnen und bestimmten Muskelgruppen gibt. Der Weisheitszahn beispielsweise steht für den Psoas-Muskel, der wiederum mit dem Nierenmeridian verbunden ist. Der mittlere Schneidezahn steht mit dem Musculus piriformis, den

Adduktoren und dem Glutaeus medius, darüber hinaus auch mit dem Uterus und den Samenbläschen in Verbindung. Es bedarf vielleicht nur einer Infektion oder etwa einer Quecksilberamalgam-Füllung im Weisheitszahn, um die Funktion des Psoas zu stören, was möglicherweise Beschwerden im unteren Abschnitt des Rückens verursacht oder den Nierenmeridian beeinträchtigt und damit zu einer ganzen Fülle von Symptomen führen kann.

Wir sollten also niemals überrascht sein über das, was sich bei einer radionischen Analyse als ursächlicher Faktor herausstellt. Vielmehr sollten wir auf Faktoren wie die TMG- und IZK-Syndrome achten, weil sie bei Störungen vielfältige Symptommuster nach sich ziehen können.

Anhang 2

Dysbiose

Der Begriff Dysbiose bezeichnet den Zustand einer atypischen Bakterienflora im Darm. Wie Amalgamzahnfüllungen, die IZK- und TMG-Syndrome, so kann auch die Dysbiose viele Symptome herbeiführen, die – wenn man sie nicht am Fortbestand hindert - durchaus zu ernsten Krankheiten im späteren Leben führen können.

Die normale Darmflora besteht hauptsächlich aus Bacterium bifidum und anaeroben Bakteroiden. Enterobacterium coli, Enterokokken und Laktobazillen sind aerob und ebenfalls vertreten. Darüber hinaus gibt es noch Besiedelungen durch Proteus-Bakterien, Hefepilze, aerobe Sporenbildner, Klostridien und Staphylokokken. Solange die richtigen Proportionen gewahrt bleiben – die Darmflora insgesamt also im Gleichgewicht ist –, erfüllen die Bakterien ihre Aufgabe gut.

Dieses Gleichgewicht wird durch Antibiotika, Antiseptika und Abführmittel sehr leicht beeinträchtigt; schlechte Ernährung und Toxine aus der Umwelt können es ebenfalls stören. Ein Anzeichen für das Vorliegen der Dysbiose ist die vulvovaginale Candida-Mykose; ich habe gesehen, wie sie bei einer jungen Patientin innerhalb von sieben Tagen nach der Einnahme eines Medikaments auftauchte, das gegen Akne helfen sollte.

Die Dysbiose ist eine Grunderkrankung und heute überall in der Welt wie eine Seuche verbreitet. Sie bietet den Nährboden für Probleme wie

Funktionsstörungen des Magens

Verstopfung oder Durchfall

Funktionsstörungen von Leber, Pankreas und Gallenblase

Akne, Ekzem, allergische Erkrankungen

Asthma, Heuschnupfen

Nebenhöhlenprobleme

Rheumatismus

Anämie

Erschöpfung

Depression

Pilzinfektionen

Candidosen

nervöse Erschöpfung

Kopfschmerzen

Reizbarkeit

Vitaminmangel

Abwehrschwäche

wiederkehrende Infektionen

Die Dysbiose führt zu einer Art Kettenreaktion, da ihre Auswirkungen einen Teil des Körpers nach dem anderen erfassen. Sie beginnt im Darm, breitet sich dann in den Kopf aus, geht weiter in den Brustraum, wo sie häufig das Herz beeinträchtigt, dann hinunter ins

Becken, wo sie die Funktion von Eierstöcken oder Prostata stören kann. Später greift sie auch auf die Extremitäten über.

Die Dysbiose ist vermutlich die Hauptursache der Autointoxikation, deshalb ist es lebensnotwendig, ihr Vorliegen festzustellen. Ist die Dysbiose einmal bereinigt – und zu diesem Zweck gibt es ganz spezifische Verfahren, bei denen homöopathische Arzneien zum Einsatz gelangen –, dann kann die allgemeine Gesundheit sich wiederherstellen.

Anhang 3

Protokoll für die Strahlen-Chakra-Organsystem-Analyse

1. Ermitteln Sie den Vitalitätsindex,
   den physischen Gesundheitsindex,
   den psychischen Gesundheitsindex,
   den Zustand des Milz-Chakras.

2. Ermitteln Sie das biologische Alter des Patienten,
   Prämalignität,
   Mikromalignität,
   Makromalignität.

3. Ermitteln Sie das Vorliegen von Miasmen,
   Toxinen,
   Dysbiose.

4. Ermitteln Sie das Vorliegen von geopathischer Belastung.

5. Ermitteln Sie den Grad der funktionalen Integrität der Organsysteme.

6. Ermitteln Sie das Vorliegen von Stauung, überstimulierter oder mangelnder Koordination zwischen Mental-, Astral- und Ätherkörper.

7. Ermitteln Sie den Zustand der sieben Haupt-Chakren.

8. Ermitteln Sie den transpersonalen Strahl,
   den Strahl des Mentalkörpers,
   den Strahl des Astralkörpers,
   den Strahl des Ätherleibes,
   den Strahl der Persönlichkeit.

9. Ermitteln Sie, durch welchen Körper das transpersonale Selbst sich Ausdruck gibt.

10. Ermitteln Sie, durch welchen Körper die Persönlichkeit sich Ausdruck gibt.

11. Ermitteln Sie das Vorliegen psychischer Belastung.

Diese Arbeitsanleitung berücksichtigt die wichtigsten Faktoren bei der radionischen Analyse, doch der einzelne Praktiker mag zweifellos auch auf andere Aspekte Wert legen, die er hier hinzufügen kann. Ich würde beispielsweise ergänzen:

12. Ermitteln Sie die Energieübertragungen von niederen zu höheren Chakren.

Radionik-Analyseformular

Dieses Analyseformular ist das Ergebnis einer gemeinsamen Bemühung mit dem Astrologen Tad Mann. Ich lieferte ein oder zwei Grundideen, Tad vermehrte sie und entwarf das Diagramm. Die Symbole und Anordnung, die hier zusammengefügt wurden, sollen einerseits einen angenehmen visuellen Eindruck bieten, und andererseits einen praktischen Weg, Informationen über die Gesundheit des Patienten darzustellen.

Das zentrale Element ist eine Retortenform, die von einem Kreis umgeben ist. Das obere Ende, der Hals dieses alchemistischen Gefäßes, enthält drei Diagramme: einen Sagittalschnitt durch Kopf und Wirbelsäule des Menschen – Symbol für den Lebenspfad –, ein Diagramm der sieben Hauptchakren sowie ein Diagramm, das die esoterische Konstitution des Menschen andeutet. Der Zustand der einzelnen Chakren wird in die Kreise des Chakradiagramms eingetragen, die Strahlenkonstellation wird in die vier Kreise rechts notiert.

Die drei Sektoren, die die Retortenform umgeben, tragen die Namen der verschiedenen Organsysteme, der endokrinen Drüsen und der sieben Hauptchakren. Diese Sektoren stehen symbolisch für die dreifache Natur des Menschen und der Monade. Jeder grenzt an die Retorte mit dem Teil, in den die Energiewerte der Organe und Chakren eingetragen werden. Der obere Abschnitt, der die drei Diagramme enthält, wurde weiter ausgedehnt, um die Bedeutung des Geistes hervorzuheben.

Vitalitätsindex 70	*Name* Hans Müller *Datum* 15.1.84
Index der körperlichen Gesundheit 74	*Adresse* Einsteinstr. 27
Index der geistigen Gesundheit 75	*Geburtsdatum* 25.1.50 *Ort* München
Blockade Ätherisch 50	*Symptome* Müdigkeit, Verdauungs-
Überstimulierung Astral 60. Ätherisch 55	störungen, Katarrh.
Koordinationsmangel Ätherisch 30	*Miasmen* — *Toxine* Masern 60

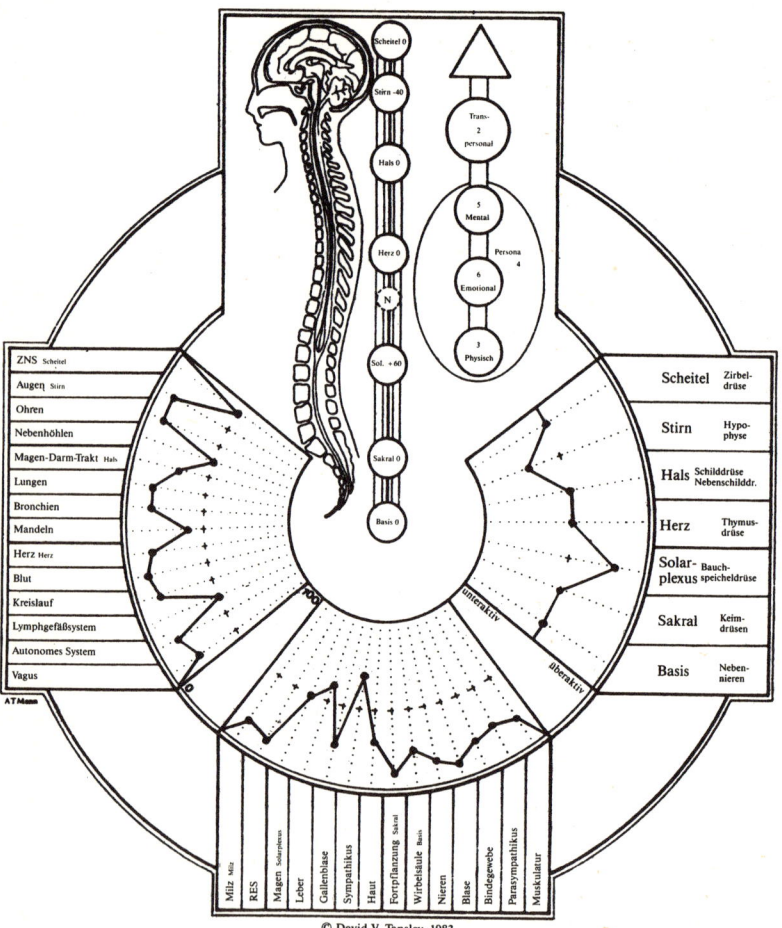

© David V. Tansley, 1983

Radionik-Analyseformular (Muster mit eingetragenen Werten)

Anhang 4

Radionikinstrumente

M-L-Field Scanner nach Tansley

Dieses kompakte (32 x 22 x 4,5 cm) und höchst vielseitige Instrument zur Radionikdiagnose und -behandlung arbeitet mit dem Basis-10- und dem Basis-44-Modus sowie einem neuen, für die Radionik einzigartigen Modus, bei dem homöopathische Ampullen eingesetzt werden können. Es ermöglicht einen Grad der Genauigkeit und Geschwindigkeit, die bei anderen Systemem bisher unerreichbar waren. Diese neue Arbeitsweise wird für den stark beanspruchten Praktiker und den Anfänger gleichermaßen von Nutzen sein, weil die Anzeige dabei verstärkt wird und damit die Energiefelder des Behandlers geschützt und weit weniger belastet werden.

M-L-Field Scanner Modul 1

Die Zeit ist ein wichtiger Faktor in einer stark frequentierten Praxis, und dieses Modul (15 x 22 x 4,5 cm) soll die rasche und genaue Analyse der Strahlen, Chakren und feinstofflichen Körper erleichtern. Es ist für den Einsatz in Verbindung mit dem M-L-FIELD SCANNER vorgesehen und für Diagnose und Behandlung gleichermaßen geeignet. Darüber hinaus läßt es sich jedoch auch an jedes andere Radionikinstrument anschließen.

Diese beiden neuen Instrumente haben Buchsen für weitere Möglichkeiten der Zwischenschaltung sowie eine kleinere Buchse zum Anschluß des Potenzsimulators nach Rae, was die Vielseitigkeit in der täglichen Praxis noch vergrößert. Das Kabel, das beide Geräte miteinander verbindet, ist auch als Griffel zum Abtasten eines Radionikdiagramms oder zur Auswahl von Arzneimitteln zu gebrauchen.

Weitere Informationen über Radionik erhalten Sie (in englischer Sprache) bei:

Baerlein House
Goose Green
Deddington, Banbury
Oxford, OX 15 OS Z
England

Dr. John Pierrakos
CORE-ENERGETIK
Das Zentrum Deiner Energie

Pierrakos therapeutischer Ansatz basiert auf: 1. Der Mensch ist eine psychosomatische Einheit. 2. Die Quelle der Heilung liegt im Selbst. 3. Alles Existierende bildet eine Einheit. Über die Weiterentwicklung des Reichschen Therapieansatzes in Verbindung mit den Erkenntnissen der neuen Physik und unter Einbeziehung seiner geistig / spirituellen Erfahrungen, entwickelte Pierrakos sein Konzept der Core-Energetik-Therapie, der Kraft des menschlichen Zentrums.

Die Pulsation des Lebens bleibt in diesem Buch nicht nur ein philosophisches Gebäude. Dr. Pierrakos verdeutlicht uns die Wahrnehmung der menschlichen Energiezentren (Chakren) und der verschiedenen uns umgebenden Energiefelder (Auren). Unter Angabe der Pulsationsfrequenzen und damit auch Zusammenhängen zu Tieren, Pflanzen, Mineralien, stellt er diese in einen direkten Zusammenhang zum universellen Lebensablauf. Mit seiner Erfahrung als Arzt, Körpertherapeut und den außergewöhnlichen Wahrnehmungen, entwickelte Dr. Pierrakos ein therapeutisch-medizinisches System der Diagnose und energetischen Behandlung. Dr. J. Pierrakos hat mit Dr. A. Lowen das »Institute for Bioenergetic Analysis« und die Bioenergetik mitentwickelt. Aufgrund seiner geistig-spirituellen Erfahrungen gründete er sein »Institute for the New Age«. Heute forscht, lehrt und praktiziert Dr. Pierrakos weltweit mit seinem »Institute of Core Energetics«.

320 S., gebunden, 14,5 x 21,0   DM 48,—
Zahlreiche 4-Farb-Abb. der Energiefelder des Menschen   ISBN: 3-922026-14-1

Core Energetik Institut
European Trainings
Dr. Siegmar Gerken, Postfach 4, D-8129 Wessobrunn
Workshops · Trainings · Forschung

Bodo Baginski & Shalila Sharamon REIKI – Universale Lebensenergie

Reiki wird als jene Kraft definiert, die die Grundlage allen Lebens bildet. Diese universale Lebensenergie kann durch entsprechende Einstimmungen in jedem Menschen geweckt und aktiviert werden, so daß sie als heilende, ordnende und harmonisierende Kraft durch seine Hände fließt. Reiki bewirkt eine Heil-Werdung im ursprünglichen Sinn, denn es führt den Menschen zu einer Harmonie mit sich selbst und den grundlegenden Kräften des Universums zurück. Die Autoren Bodo J. Baginski und Shalila Sharamon beschreiben in diesem Buch ihre Erfahrungen mit der Reiki-Heilkunst bei Menschen, Tieren und Pflanzen. Sie schreiben über den Ursprung und die Geschichte des Reiki, seine Wirkungsweise, wie man Reiki erlernt, erläutern die verschiedenen Anwendungsmöglichkeiten und geben viele nützliche und hilfreiche Tips für die Praxis des Reiki. Darüber hinaus enthält das vorliegende Buch ein Verzeichnis über die Hintergrundbedeutung von über 200 Krankheitssymptomen aus geistiger Sichtweise. **240 Seiten**

Fran Brown Reiki-Leben – Großmeisterin Takatas Lehren

Geschichten aus dem Leben von Hawayo Takata.

Reiki ist Lebensenergie. Im Usui-System des Natürlichen Heilens wird diese Energie geehrt und als Leitfaden des täglichen Lebens genutzt. Sie bietet uns eine einfache Möglichkeit, unser leben als eine heilige und ehrenvolle Erfahrung zu verstehen. Die Geschichten in diesem Buch geben Einblick in das Leben einer Frau, die die Reiki-Lehren gelebt hat. Die Geschichten sind komisch und ernst, voller Freude und Traurigkeit, sie geben Aufschluß über das Heranwachsen dieser Meisterin und über ihr tiefes Vertrauen in die Lebensenergie. Sie schildern das Reifen von Takatas Heilkräften und zeigen ihre Bescheidenheit angesichts ihrer Gaben. Von bescheidenen Anfängen entwickelte sie sich zu einer großen und starken Persönlichkeit, von allen, die sie kannten, geliebt und respektiert.

In diesen liebevollen Erinnerungen an ihre Lehrerin hat Fran Brown die farbenfrohen Geschichten gesammelt, die Hawayo Takata während der 35 Jahre erzählt hat, in denen sie die einzig lehrende Reiki-Meisterin war. Die Geschichten geben einen inspirierenden Überblick über Takatas Lehren und schildern die praktischen und spirituellen Aspekte eines Lebens, das dem Heilen gewidmet war. **180 Seiten**

Ron Kurtz Körperzentrierte Psychotherapie – Die Hakomi-Methode

Körper und Bewegungen eines Menschen drücken zentrale Anschauungen, Bedürfnisse, Gefühle und Besonderheiten seines Daseins aus. Psychologische Informationen formen den Körper. In Anerkennung dieser Verbindung beginnt die Methode mit der Arbeit am Körper. Besonderes Kennzeichen der Hakomi-Methode ist die genaue Anwendung der buddhistischen Prinzipien von *Innerer Achtsamkeit* – die Aufmerksamkeit wird auf das gelenkt, was jetzt genau vor sich geht – und *Gewaltlosigkeit* – wir unterstützen Abwehr und spontanes Verhalten, lassen entwickeln, anstatt zu konfrontieren und zu bekämpfen. **320 Seiten, ill., geb.**

Gerda und Mona Lisa Boyesen Biodynamik des Lebens

Die Gerda-Boyesen-Methode – Grundlage der biodynamischen Psychologie. Jeder Körper reagiert in einer Streßsituation mit Anspannung, aus der der gesunde Körper wieder zu seinem Gleichgewicht zurückfindet. Oft geschieht dies jedoch nicht: Hervorgerufene Gefühle oder Ängste werden nicht ausreichend abgebaut oder verarbeitet, und wir verharren in einem unausgeglichenen Zustand. Die Selbstregulation unseres Organismus findet nicht statt, das Ungleichgewicht manifestiert sich in den Muskeln und unseren inneren Organen; besonders dem Verdauungstrakt. Dieser ist das Hauptregulans für die Freilassung nervöser Energien und besitzt damit die Fähigkeit, Neurosen »zu verdauen« und das vitale Energiegleichgewicht im Organismus zu regeln.

Mit dieser Erkenntnis entwickelte Gerda Boyesen in ihrer klinischen Arbeit die Methode der biodynamischen Psychologie, in der sie die Freudsche Psychoanalyse und die dynamische Physiotherapie mit der Vegetotherapie und Orgontherapie W. Reichs zu einer Synthese vereinte und damit die biologische Basis der Psychodynamik legte. **200 Seiten**

Dr. Malcolm Brown Die Heilende Berührung

Die Methode des direkten Körperkontaktes in der körperorientierten Psychotherapie. Dieses Buch führt zu theoretischer Klarheit und zum praktischen Verständnis einer Yin / Yang-Körpertherapiemethode, eingebettet in eine grundlegende, humanistische, tiefgehende Art der Behandlung. Beeinflußt durch C. G. Jung, A. Maslow, E. Neumann, C. Rogers und D. H. Lawrence entwickelte Brown seine Methode der Lösung der chronischen Muskelspannung und der Reaktivierung der natürlichen geistig / spirituellen Polaritäten der verkörperten Seele und transzendenten Psyche. **340 Seiten, 30 Abb., geb.**

Don Johnson Rolfing und die menschliche Flexibilität

Der Körper ist flexibel, ein fließendes Energiefeld, das vom Moment der Empfängnis bis zum Tod in einem Prozeß der ständigen Veränderung ist. Inhalt u. a.: Beschreibung von Rolfing-Sitzungen, Rolfing und die anatomischen Grundlagen; soziales Verhalten und die Auswirkungen auf den Körper . . . **164 Seiten, ill.**

Robert St. John Metamorphose – Die pränatale Therapie

Die Methode basiert auf einer überlieferten chinesischen Behandlungsweise der Füße. R. St. John entdeckte in bestimmten Bereichen der Füße Verbindungen zur vorgeburtlichen Phase, in der Energiemuster unser Sein geprägt haben. Durch eine sachgemäße Behandlung des Reflexbereiches der Wirbelsäule an Füßen, Händen und Kopf werden auf natürliche Weise Sperren und Grenzen des Bewußtseins aufgehoben und die ursprünglichen Kräfte der Psyche wieder freigesetzt. **160 Seiten, ill.**

Reinhard Flatischler Die Vergessene Macht des Rhythmus

Reinhard Flatischler hat aus schamanistischen Traditionen ein System entwickelt, das mit Sprachrhythmen, Klatschen, elementaren Tanzformen und Gesang jeden die Erfahrung der Rhythmuselemente in seinem eigenen Zeitmaß machen läßt. Diese grundlegenden Erfahrungen sind auf alle Musikinstrumente übertragbar. Sie sind in der Rhythmik jedes Kulturkreises zu finden und haben psychische Wirkungen, die für alle Menschen gleich sind. Davon ausgehend werden wir die Rhythmuswelten Afrikas, Indiens, Koreas, Brasiliens und Kubas aus ihren Elementen kennenlernen, und selbst den Stellenwert finden, den die Rhythmen dieser Kulturkreise für unser tägliches Leben in Europa haben.

228 Seiten, Fotos u. Grafiken, Farbbildteil, geb.; Kassettenkurs (3 Kassetten) separat erhältlich

Reinhard Flatischler TA KE TI NA – Der Weg zum Rhythmus

Rhythmus ist die Kraft hinter allen Dingen. Sie vereint die unterschiedlichsten Gebiete des Lebens. Rhythmus schenkt uns Vertrauen ins Leben und in uns selbst. TA KE TI NA ist der Weg, auf dem alle Aspekte von Rhythmus als Einheit erfahren werden können. Es ist eine Synthese aus dem rhythmischen Wissen vieler Kulturkreise und zeigt in konsequenter Systematik, wie Rhythmus für jedermann erlernbar ist. Die mit TA KE TI NA gemachten Rhythmuserfahrungen sind auf alle Musikinstrumente übertragbar, und der Musiker kann in diesem Buch eine neue Quelle zum Komponieren kreativer Rhythmen finden. Ein Einstieg in die körperliche und geistige Erfahrung von Rhythmus geben.
160 Seiten, ill.; Kassette oder CD separat erhältlich

Burkhard Schroeder AtemEkstase · Rebirthing

lehrt Dich das Annehmen des Seins · Einlassen auf bewußtes Atmen in seiner ursprünglichen Form · Loslassen · Auftauchen ins Leben · Reiten auf den Wellen Deiner Ekstase · Verschmelzen mit dem SEIN · Dich und diese Schöpfung zu lieben.
Rebirthing ist eine wirkungsvolle Methode zur körperlichen, emotionalen und geistigen Reinigung und ein effektiver Weg persönlichen Wachstums. Ein gewaltloser Weg, der Dich lehrt, Deiner Energie zu vertrauen, mit ihr zu fließen, loslassen, zu tun durch Nicht-Tun. Dein Atem wird Dir helfen herauszufinden, wer Du bist, Dich anzunehmen und Dein Herz zu öffnen für Schönheit und Ruhe, Lebendigkeit und Lebensfreude.**128 Seiten; angeleitete AtemEkstase-Kassette separat erhältlich**

A. Wallace, B. Henkin Anleitung zum geistigen Heilen

Die Autoren beschreiben — auf dem Erfahrungsgrund der Humanistischen Psychologie —, wie sie zum Heilen angeleitet worden sind, ihre Erfolge und die Grenzen dieser Kunst, andere zu heilen. Darüber hinaus zeigen sie eine umfassende Reihe einfacher Übungen für den Anfänger auf und fortgeschrittene Techniken für den, der sich schon mit geistigem Heilen beschäftigt. In der praktischen Anleitung zeigen sie die Beziehung des Heilens zum Vertrauen, zu Weltanschauungen, Träumen und kosmischer Bewußtheit auf. **228 Seiten**

Bob Toben Raum-Zeit und erweitertes Bewußtsein

Toben diskutiert in eingehend grafischer Darstellung mit den Physikern J. Sarfatti, C. Suares und F. Wolf in einer verständlichen Wissenschaftssprache die Abhängigkeit unserer Vorstellung vom Universum durch unsere Sinne. Themen u. a.: Psychokinese, Lichtbiegen, Materialisation, Astral-Reise, Wissen aus dem Universum, Reinkarnation, Aura, Telepathie, Telekinese, Levitation, Geistheilung. **180 Seiten, ill.**

Richard S. Heckler Aikido und der Krieger des neuen Bewußtseins

Meister Uyeshiba, Begründer des Aikido, lehrte eine Kampfart, die die innere Kraft des Menschen stärkt, ohne Rivalität und Streit. Durch die im Aikido entwickelten Methoden zeigt er eine Alternative zu unserer derzeitigen Form des erdrückenden Militarismus, bzw. eines aufopfernden Pazifismus auf. Das Elementarste an Meister Uyeshibas Aikido aber ist der spirituelle Pfad, der die Menschen lehrt, ihr Ki, ihre Energie mit dem Ki des Universums zu verbinden, um in einer Welt der Harmonie, Zentriertheit und des Mitgefühls zu leben. **176 Seiten, ill.**

Roger Hicks und Ngakpa Chögyam Weiter Ozean – DALAI LAMA

Diese autorisierte Biographie ist die erste Aufzeichnung des Lebens Seiner Heiligkeit seit seiner Autobiographie »Mein Leben und mein Volk« (1962). Es ist auch die erste Darstellung der Leben der vorhergehenden dreizehn Dalai Lamas, die einem breiteren Publikum zugänglich ist. **240 Seiten, 31 z. T. bisher nicht veröffentlichte Fotos**

Hazrat Inayat Khan Das Erwachen des menschlichen Geistes

Die Botschaft des Autors beginnt und endet mit der Aussage, daß es nicht ausreicht, im Geistigen zu leben; was wir heute benötigen, ist ein *menschlicher* Geist. Es ist die Erweckung des Geistes im Menschen auf der Suche nach der Wahrheit. Diese Unterweisungen Hazrat I. Khans beschreiben die Folge der inneren Entwicklungsphasen, die der einzelne auf der Suche nach der geistigen Wirklichkeit durchläuft. **224 Seiten, zahlreiche Fotos**

Pir Vilayat Khan Der Ruf des Derwisch

Pir Vilayat Khan ist Leiter des Sufi-Ordens im Westen, der von seinem Vater Hazrat Inayat Khan gegründet wurde. Er ist bestrebt, den Weg und die Essenz der Sufi-Tradition besonders dem westlichen Menschen erlebbar zu machen. **224 Seiten**

Benjamin Hoff Tao Te Puh – Das Buch vom Tao und von Puh, dem Bären

Was für ein Puh? *Was* für ein Tao? Das Tao Te Puh! . . . in dem uns enthüllt wird, daß einer der größten taoistischen Meister nicht etwa ein Chinese ist, auch kein altehrwürdiger Philosoph . . . sondern wirklich und wahrhaftig kein anderer als der absichtslos in sich ruhende, einfältige kleine Bär. **160 Seiten, ill.**

Affirmationen – »Ich mag mich selbst«

Eine Affirmation ist ein positiver, schöpferischer Gedanke, um deine negativen Glaubenssysteme und Denkmuster zu verändern. Affirmation heißt das Leben bejahen und deinem Denken eine Idee über das Ziel zu geben.
28 Seiten, Büttenpapier

Erik Sidenbladh Wasserbabys – Geburt und Entwicklung in unserem Urelement

Der sanfteste Übergang vom Mutterleib in die Außenwelt ist die Geburt unter Wasser. Frühes Training im Wasser bewirkt bei den Kindern eine bessere und schnellere Koordination der Bewegungen und Körperfunktionen. Die zahlreichen, außergewöhnlichen Aufnahmen verstärken Tjarkovskijs Erfahrungen, daß das menschliche Potential besser entwickelt werden kann, wenn wir lernen, Wasser ohne Angst zu akzeptieren. **156 Seiten, durchgehend vierfarbig ill., geb.**

Astro-Tafel – Der Weg zur Astrologie

»ALL-EIN-SEIN heißt eins sein mit dem All. Die Schwingungen des Alls wahrnehmen und sich auf diese Schwingungen einzustimmen heißt sein Leben, oder einfach sich selbst, mit dem All in Einklang bringen. Ist die Person (lat. persona, von per-sonare = durch-tönen, zum Erklingen bringen) im Einklang mit dem Kosmos, so resoniert der Kosmos in ihr, der Kosmos findet seinen Wiederhall in der Person. Wird man sich dessen bewußt, hat man kosmisches Bewußtsein erreicht.« Wohl die umfassendste farbige Informationskarte zum Thema Astrologie und Harmonik. Außer der allgemeinen Beschreibung der Wirkweise der einzelnen Tierkreiszeichen, Planeten, Aspekt- und Himmelspunkte wird auch die Methodik der Verknüpfung dieser astrologischen Elemente zur Deutung erklärt und ausgeführt. Auch die Zuordnung der Töne zu den Planeten sowie der musikalischen Intervalle zu allen Aspekten, wie auch deren farbliche Zuordnungen, können der Karte entnommen werden.

13-Farb-Druck (DIN A2) auf besonderem Qualitätspapier, mit Begleitheft

Lee Sannella   Kundalini-Erfahrung & die neuen Wissenschaften

In einem verdunkelten Raum sitzt ein Mann allein. Sein Körper wird von Muskelkrämpfen geschüttelt. Unbeschreibliche Empfindungen und stechende Schmerzen schießen von seinen Füßen ausgehend durch Beine und Rücken bis zum Hals. Er hat das Gefühl, sein Schädel würde zerspringen. Im Inneren seines Kopfes hört er tosende Geräusche und hohes Pfeifen. Seine Hände brennen. Er glaubt, sein Körper müsse innerlich zerreißen. Dann plötzlich lacht er und wird von Glücksgefühlen überwältigt.

Ein psychotischer Anfall? Nein, dies ist eine psycho-physische Transformation, ein Prozeß der »Wiedergeburt«, der ebenso natürlich ist wie eine physische Geburt. Pathologisch erscheint dieser Vorgang nur, weil die Symptome nicht zum Ergebnis in Beziehung gesetzt werden: zur psychischen Transformation eines Menschen. Wenn dieser Prozeß ungestört zum Abschluß gelangt, kann ein tiefes psychologisches Gleichgewicht erreicht werden, ein Zustand innerer Stärke und emotionaler Reife.

Sannellas Buch ist unentbehrlich auf dem Weg des tieferen Verstehens von mystischen Erfahrungen und Momenten des erweiterten Bewußtseins.
160 Seiten

Stuart Perrin   LEAH – Die Geschichte einer meditativen Heilung

»Als ich Leah das letzte Mal sah, war sie voller Leben, strahlend und bezaubernd schön. Ich war überzeugt, daß sie zu einem besonderen und äußerst ungewöhnlichen Menschen heranwachsen würde. Der Gedanke, daß sie von Krebs befallen war, lag jenseits meiner möglichen Phantasien.

Die Ärzte gaben ihr noch drei Wochen zu leben. – Drei Wochen können eine Ewigkeit sein, wenn man den Moment lebt. In dieser Zeit mußte ich eine neue Logik entdecken, eine, die den Tod entwaffnete und das Unmögliche möglich machte.«

Die dramatische Erzählung eines Heilungsprozesses. LEAH basiert auf einer erlebten Geschichte – die Bemühung eines spirituellen Lehrers, ein junges Mädchen in ihrem Kampf gegen ihren Krebs zu unterstützen.
120 Seiten

Ken Dychtwald   KörperBewußtsein

Basierend auf den Arbeiten von W. Reich, I. Rolf, M. Feldenkrais, F. Perls, W. Schutz, A. Lowen, St. Keleman, R. Kurtz u. a. und verschiedenen Yoga-Richtungen, verbindet Dychtwald deren Erkenntnisse mit einer Vielfalt von östlichen und westlichen Einstellungen zur Entwicklung des KörperBewußtseins. Es ist das zur Zeit umfassendste und leichtverständlichste System zur Bewußtwerdung und Diagnose des KörperBewußtseins. KörperBewußtsein von K. Dychtwald ist ein hervorragender Einstieg in das, was wir »Körperlesen« nennen. D. h., durch die Wahrnehmung, wie sich jemand »trägt« oder mit seinem Körper umgeht, erfahren wir mehr über diese Person, als wir sehen. KörperBewußtsein hilft, sich und andere besser »wahr« zu nehmen, indem es aufzeigt, wie der menschliche Körper eine lesbare Karte seiner persönlichen Geschichte ist. Darüber hinaus gibt Dychtwald einen Einblick in verschiedene Körpertherapie-Methoden. Ein lebendiges, gut zu lesendes und sehr menschliches Buch.
320 Seiten, 46 Abb.,

Georg Schäfer und Nan Cuz   Im Reiche des Mescal – Ein kosmisches Märchen

Wandere mit Schwarzhaar und dem Schamanen durch Metaphern deiner inneren Welten zum Licht der Erkenntnis . . . Schwarzhaar war ein Träumer, und die Mutter hatte ihre Sorgen mit ihm, denn statt Netze zu flicken oder Brennholz aus dem großen Wald zu holen, lag er am Strand und schaute stundenlang in den Himmel. »Was wird denn hinter den Sternen sein?«, so dachte er, »und wo beginnt das Reich der Götter und wo endet es?« Über solche Gedanken geriet er ins Grübeln und vergaß alles, was ihm die Mutter aufgetragen hatte . . .
40 Seiten, Großformat, vierfarbig, gebunden

Cousto   Die Kosmische Oktave

Der Weg zum universellen Einklang. In diesem Buch sind alle Schritte erläutert und formalisiert, um aus astronomischen Beobachtungsdaten die Rhythmen und die Stimmtöne der Erde, des Mondes und der Planeten zu berechnen. Ebenso sind die Berechnungsmethoden zur Feststellung des Sonnentones oder auch der Klänge einer Horoskopvertonung dargelegt. 240 S., 50 Grafiken, zahlreiche Tabellen, 32 S. wissenschaftl. Anhang, 15 Farbtafeln, geb. und Paperback

Ulrich Sollmann (Hrsg.)   Bioenergetische Analyse

Autoren und Themen: *A. Lowen:* Der Wille zu leben und der Wunsch zu sterben; *R. Robins:* Der rhythmische Zyklus und Widerstand; *E. Muller:* Auswirkungen des Berührens; *H. Petzold:* Der Schrei in der Therapie; *L. Rabin:* Das gespaltene Ich. Krebs und Probleme der Selbstabgrenzung; *A. Kloppstech:* Frauenarbeit mit krebskranken Frauen; *P. Boyesen:* Psychodynamische Analyse; *U. Sollmann:* Prozeßanalytische Körperarbeit in der Gruppe; *E. Svasta:* Jan Velzeboer und die Bioenergetische Analyse; *R. Steiner:* Die energetische Verbindung von Körper und Geist; *R. C. Ware:* C. G. Jung und der Körper – eine vernachlässigte Möglichkeit der Therapie? etc.
252 Seiten

Ernest L. Rossi   Die Psychobiologie der Seele-Körper-Heilung

Neue Ansätze der therapeutischen Hypnose. Ist es wirklich möglich, über die Seele eine körperliche Krankheit zu heilen? Gibt es tatsächlich eine Verbindung zwischen den Genen und der Seele, mit deren Hilfe unsere Gedanken und

Gefühle die Heilung unterstützen können? Ja, sagt der Autor, und führt uns in die faszinierende Welt der Psychobiologie ein, die die derzeitigen Ansätze innerhalb der Medizin und der Psychologie auf revolutionäre Weise verändert. Rossi zeigt neue Möglichkeiten auf, wie die Heilung von Krebs, Asthma, rheumatischer Arthritis, krankhaften Stimmungsschwankungen und einer Vielzahl anderer psychosomatischer Störungen unterstützt werden können. Sein anschauliches Konzept, wie man Symptome in Signale und psychische Probleme in schöpferische Hilfsquellen umwandeln kann, ist überzeugend, denn es ermöglicht intuitiv zu spüren, daß wir alle den Schlüssel zu unserer Gesundheit und zu unserem Wohlbefinden in uns tragen. **312 S., zahlreiche Tabellen und Abb., Hardcover**

David K. Reynolds Die Stillen Therapien
Japanische Wege zu persönlichem Wachstum. Mit diesem Buch stellen sich eine Reihe von Psychotherapien und therapeutischen Methoden dem europäischen Leser vor, die von einem völlig anderen Verstehen des Menschen ausgehen. Während wir im Westen Therapie oft nur als Symptombekämpfung verstehen, ist im östlichen Denken die Befreiung des Geistes als Ganzes im Vordergrund. Damit stehen Die Stillen Therapien im Zentrum der neuen geistigen Bewegung – der Sehnsucht nach Ganzheit, Re-Integration, nach der unmittelbaren Erfahrung des eigenen Selbst. In diesem Buch finden Sie klare, praktikable und energievolle Wege zu sich selbst. **160 Seiten**

Rosalyn L. Bruyere CHAKRAS – Räder des Lichts – Einführung
Dieses ist das Grundlagenbuch für jeden, der über das esoterische Wissen hinaus Einsicht und Wissen in die Funktionen der Chakras und der feinstofflichen Energiefelder erlangen möchte. In diesem Einführungsband wird die Natur der Chakras untersucht und eine Übersicht gegeben. Mit den folgenden sieben Bänden, jeweils einem Chakra zugeordnet, wird dieses Werk die bisher umfassendste Beschreibung der feinstofflichen Energien und des Chakrasystems sein.
Jedes der sieben Primärchakras ist ein »Rad des Lichts«, ein sich drehendes, farbiges, elektromagnetisches Feld. Zusammen erzeugen diese sieben Felder die Aura des Menschen. In alten Überlieferungen schon gibt es verschiedene Beschreibungen dieser Energie- oder Lichtfelder, die am menschlichen Körper strömen. Doch erst in neuester Zeit hat die Wissenschaft die Existenz der feinstofflichen Energien und der Aura bestätigt. **144 Seiten, großformatig**

Rosalyn L. Bruyere: CHAKRAS – Räder des Lichts. Band 1. Das Wurzelchakra
Kapitelinhalte: I Vitalität, II Kundalini, Sitz des physischen Körpers, III Die Kraft des Feuers, IV Sexualität, Kundalini und Karma, V Die Wissenschaft und die Chakras, VI Krankheiten und Dysfunktionen. **144 Seiten, großformatig**
Alle Bände durchgehend mit Fotos, Zeichnungen, wissenschaftlichem Begleittext und Übungen.

Stamboliev Den Energien eine Stimme geben
In der Voice-Dialogue Methode werden Energiemuster des Menschen als eigene Persönlichkeiten angesprochen und aktiviert – den Energien wird eine Stimme gegeben, sich mitzuteilen. Die Fähigkeit des Voice-Dialogue Therapeuten, sich auf den Prozeß einzustimmen und mit seinen eigenen entsprechenden Energiemustern mitzuschwingen, ermöglicht dem Klienten ein intensives Erfahren, Erkennen und Integrieren der psychisch-emotionalen Realität dieser Muster.
Stamboliev gibt auch einen Überblick über die Lehre des T'ai-chi-ch'uan und über verschiedene esoterische Systeme, um den Voice-Dialogue Therapeuten zu helfen, eine größere energetische Sensibilität der Methode gegenüber zu entwickeln.

Thomas Armstrong Die Spiritualität des Kindes
Pädagogik für ein neues Bewußtsein. Anhand zahlreicher Beispiele aus Literatur und Wissenschaft, Mythologie und Erfahrung zeichnet der Autor ein Bild vom zweifachen Wesen des Kindes: „Es gehört sowohl zum Himmel wie zur Erde, und es tritt als Brücke zwischen Licht und Dunkel, Körper und Geist, Ich und Selbst, Mensch und Gott in unser Leben. Das spirituelle Kind singt und tanzt diese Ganzheit mit jeder Faser seines Seins. Wir alle täten gut daran, zuzuhören. Und noch besser daran, mitzusingen und mitzutanzen!" **192 Seiten**

Helmut G. Sieczka CHAKRA-KASSETTE. Energie und Harmonie durch den Atem
Unser Atem ist die wichtigste Brücke zwischen dem Körper und der Seele. Der Atem ist die Verbindung von Innen und Außen, vom Individuum zum Universum. Die sieben feinstofflichen Energie- und Bewußtseinszentren, den sogenannten Chakren, fließt unsere Lebensenergie.
Mit diesen zwei praktischen Atemübungen können Sie Störungen auf der energetischen, körperlichen und geistigen Ebene ausgleichen und harmonisieren. **Spieldauer: je Seite ca. 42 Minuten**

David V. Tansley RADIONIK – Energetische Diagnose & Behandlung
Radionik ist ein System der Diagnose & Behandlung, das die menschliche Fähigkeit der übersinnlichen Wahrnehmung direkt mit einbezieht, um somit die tiefliegende Bedeutung der Krankheit in einem lebenden Organismus zu erkennen. Diese Kunst des Heilens entwickelte sich aus einem Bereich der medizinischen Forschung von Prof. Dr. A. Abrams, der aufzeigte, daß Leben — und somit auch Krankheit — schwingende Energie ist, die energetisch behandelt werden kann. Die moderne Physik bestätigt dieses Modell seit langem. Radionik kann in jeder Therapieform praktiziert werden. Überwiegend wird sie in Verbindung mit Homöopathie, Heilkräuter und der Bach-Blütentherapie angewandt. Radionik ist ein sanfter Ansatz zur Heilung, frei von den unliebsamen Nebeneffekten der herkömmlichen medikamentösen Therapie. David Tansley, die führende Autorität auf dem Gebiet der Radionik, beantwortet in diesem Buch u. a.: Wie arbeitet Radionik? Wie kann ein Therapeut die Diagnose stellen und die Behandlung ausführen, ohne den Patienten zu sehen? Was umfaßt eine Radionik-Diagnose? Welche Krankheiten können mit dieser Methode behandelt werden? **100 Seiten**

David Tansley **Die Aura des Menschen**
Energiefelder in der Diagnose
Die menschliche Aura ist etwas, das die meisten von uns bisher nur vage wahrgenommen haben, und dennoch ist es,
wie dieses Buch zeigt, möglich und auch wichtig, sich der eigenen Aura und der anderer Leute deutlich bewußt zu sein.
David Tansley greift auf die Forschungen und Beobachtungen sowohl von Wissenschaftlern als auch von hellsichtigen
zurück, erklärt die Bedeutung der Farben, die man in der Aura sieht, und beschreibt das Verhältnis von Aura, Chakras
und feinstofflichen Körpern. Er warnt vor der physischen und psychischen Verschmutzung der Aura und beschreibt
Übungen, mit denen die Aura gereinigt werden kann. Dieses Buch leitet uns zum Erwecken unserer latenten Fähigkeit,
die Aura zu sehen, zu fühlen und zu interpretieren; es zeigt, wie wir das noch weitgehend ungenutzte Potential der Aura
für Medizin und Heilarbeit entfalten können.   **zahlr. Abb., 240 Seiten**

David Tansley **Auren, Chakren und die Sieben Strahlen des Lebens**
Radionik ist eine Heilkunst ohne Grenzen. Es umfaßt das Spektrum des menschlichen Geistes und seiner Kraft, zu heilen. „Dieses Buch bietet den Grundstein, auf dem Praktiker bauen können, nicht nur in der Radionik, sondern auch
in der Sozialarbeit und -beratung, der Psychotherapie, Medizin und Heilung." *H. Korteweg*

David Tansley **Der Feinstoffliche Mensch**
Radionik in der energetischen Behandlung
Radionik ist eine Diagnose- und Therapiemethode, die vorrangig über die feinstofflichen Kraftfelder und Energiezen-
tren die Untersuchung und Behandlung von Krankheitsursachen ausführt.
Tansley gibt ein einfaches und zugleich praktisch anwendbares Bild der feinstofflichen Anatomie des Menschen, dem
Informationsträger unserer Existenz – und damit Basis für Heilung und Gesundheit.   **zahlr. Abb., 160 Seiten**